Astrid Kopp-Duller

Legasthenie - Training nach der AFS-Methode

Eine Arbeitsbuch mit vielen praktischen Ideen für den Unterricht und das Training legasthener Kinder

Zu diesem Buch

»Wie kann ich legasthenen Kindern konkret helfen?«, diese Frage beschäftigt jeden interessierten Lehrer und auch Eltern von betroffenen Kindern. Das vorliegende Buch **„Legasthenie - Training nach der AFS-Methode"** ist ein Arbeitsbuch mit vielen praktischen Ideen für den Unterricht und das konkrete Training legasthener Kinder.

Die Autorin, Frau Dr. Astrid Kopp-Duller, die sich schon seit vielen Jahren mit dem Phänomen der Legasthenie beschäftigt, hat die **A**(ufmerksamkeitstraining)**F**(unktionstraining)**S**(ymptomtraining)-Methode mitentwickelt. Diese Methode entstand aus der genauen Beobachtung und Charakterisierung des legasthenen Menschen und der Konsequenz, ihm in allen Bereichen zu helfen, die seine Probleme verursachen. Deshalb entstand eine sowohl theoretische wie auch praktische Abhandlung, welche für diplomierte Legasthenietrainer, Lehrer oder die Eltern von legasthenen Kindern ein wertvolles Werkzeug für die praktische Arbeit darstellt.

Zur beiliegenden CD-Rom

Diesem Arbeitsbuch liegt eine CD-Rom bei. Viele Übungen und Arbeitsblätter sind darauf enthalten und können ausgedruckt werden. Die Daten sind im PDF-Format abgespeichert und werden mit dem Programm „Adobe Acrobat Reader", welches kostenlos im Internet downgeloaded werden kann, gelesen.

Legasthenie - Training

nach der

Methode

5. überarbeitete Auflage

Dr. Astrid Kopp-Duller

© Dyslexia Research Center AG
Erstausgabe: Februar 2000
2. Auflage: Juli 2005
3. Auflage: November 2008
4. Auflage: Mai 2012
5. Auflage: April 2017

EÖDL-Verlag
Feldmarschall Conrad Platz 7, 9020 Klagenfurt, Österreich
office@legasthenie.at, http://www.legasthenie.at
Buch: http://www.legasthenie-erw.de
ISBN 978-3-902657-02-2

Herstellung: EÖDL-Verlag
Layout/Gestaltung: Mag. Livia R. Pailer-Duller, Mario Engel
Druck/Verarbeitung: Druckerei Berger

Inhaltsverzeichnis

Vorwort zur 1. Auflage

Das vorliegende Arbeitsbuch soll Legasthenietrainer, Lehrer, aber auch Eltern dabei unterstützen, mit legasthenen Kindern ein gezieltes Training durchzuführen, damit der Schulalltag leichter bewältigt werden kann. Das Wissen, dass man durch punktgenaue Arbeit die Legasthenie zwar nicht wegtrainieren, aber die Probleme legasthener Kinder in den Griff bekommen kann, hat zur Entwicklung der AFS-Methode geführt.

Da ein Krankjammern des Legasthenieproblems weder den betroffenen Kindern, noch deren Umgebung hilft, sollte immer eine Lösung angestrebt werden. Das individuelle Training mit der AFS-Methode ist die Grundlage eines sich früher oder später einstellenden Erfolges. Wird ein legasthenes Kind über einen längeren Zeitraum individuell nach seinen Bedürfnissen gefördert, so steht einem erfolgreichen Arbeiten in den Bereichen Schreiben, Lesen und auch Rechnen nichts mehr im Wege. Auch legasthene Kinder können, entgegen vielen Vorurteilen, diese Kulturtechniken erlernen. Sie benötigen dazu nur geringfügig differenzierte Voraussetzungen.

Die AFS-Methode hat sich aus der logischen Schlussfolgerung heraus entwickelt, dass ein ausschließliches Üben am Symptom, d.h. ein Üben an den Fehlern, die legasthene Kinder beim Schreiben, Lesen oder Rechnen machen, zu wenig Erfolg bringt. Schreiben, Lesen oder Rechnen zu üben, als alleinige Maßnahme gesetzt, ist nicht ausreichend. Einer Erweiterung der Förderung wurde insofern

Rechnung getragen, dass diese auf zwei weitere bedeutende Gebiete eines erfolgreichen Legasthenietrainings ausgeweitet wurde. Daher werden zusätzlich zum Symptombereich speziell auch der Aufmerksamkeits- und der Funktionsbereich trainiert. Damit lässt sich ausschließen, dass die psychische Belastung für die betroffenen Kinder zu hoch wird, wenn sich keine wesentlichen Verbesserungen ergeben und dem Legastheniker dies bewusst wird. Diese Ausweglosigkeit treibt legasthene Kinder in eine Abwehrhaltung gegen schulische Aktivitäten und damit in eine Isolation. Das Entkommen aus dieser misslichen Lage wird, je länger dieser Zustand unerkannt bleibt und keine Gegenmaßnahmen ergriffen werden, immer schwieriger. Das gesamte Umfeld des Kindes wird dadurch in Mitleidenschaft gezogen. Keinesfalls sollten nun Schuldzuweisungen der Eltern gegenüber den Lehrern oder der Lehrer gegenüber den Eltern passieren. Den Klassenlehrern von legasthenen Kindern eine ausreichende Förderung alleine im Klassenverband zuzumuten, wäre nicht fair, denn sie wären damit absolut überfordert. Auch die Verantwortung für die Förderung alleine auf die Eltern zu übertragen, wäre von geringem Erfolg gekrönt. Nur durch das Zusammenwirken aller Kräfte und eine spezielle Förderung können Erfolge erzielt werden.

Durch das Einsetzen der A(ufmerksamkeit) F(unktionen) S(ymptome) - Methode kann man dem legasthenen Kind all die Frustrationen, die Misserfolge natürlich mit sich bringen, ersparen. Hilfe wird nicht nur durch gezieltes Üben an den Fehlern, dem Symptombereich, gegeben. Auch das gezielte Hinführen des legasthenen Kindes »zur Sache«, d.h. das Bewusstmachen, gedanklich beim Schreiben, Lesen oder Rechnen zu sein und dadurch bessere Leistungen erbringen zu können, ist ein wichtiger Bestandteil. Auch werden die Sinneswahrnehmungen, die Funktionen, die man beim Schreiben, Lesen oder Rechnen braucht, verbessert. Durch ein optimales Zusammenwirken dieser drei Bereiche A(ufmerksamkeit), F(unktionen) und S(ymptome) wird es auch dem legasthenen Kind ermöglicht, gute Leistungen im Schreiben, Lesen oder

Rechnen zu erbringen. Nicht zuletzt soll auf zwei weitere wesentliche Anforderungen der AFS-Methode hingewiesen werden, nämlich den Zeitfaktor - legasthene Kinder brauchen einfach länger Zeit für das Erlernen der Kulturtechniken - und den so wichtigen Lobesfaktor - legasthene Kinder brauchen unglaublich viel mehr Lob und Ermutigung für Schreib-, Lese- und Rechenleistungen, als sie erarbeiten können.

Die AFS-Methode wurde unter Mitwirkung von über zweitausend legasthenen Kindern entwickelt. Die gesammelten Erfahrungen sind in diesem Arbeitsbuch enthalten und sollen dazu beitragen, allen legasthenen Kindern Hilfe zu bringen, damit ein problemloser Schulalltag erreicht werden kann. Alle Tipps und Hilfestellungen verstehen sich natürlich immer nur als Anregung und sollen von den Anwendern individuell auf die jeweilige Unterrichts- oder Trainings-situation abgestimmt oder auch ausgebaut bzw. ergänzt werden.

Das vorliegende Arbeitsbuch ist eine wahre Fundgrube von Tipps, Beispielen, Übungen und Arbeitsblättern für die praktische Arbeit im Legasthenietraining. Sie finden diese auch auf der beigefügten CD-Rom als zusätzliche Unterstützung für den praktischen Gebrauch des Übungsteiles. Alle Übungen und Arbeitsblätter können im PDF-Format ausgedruckt werden.

Meinen speziellen Dank möchte ich meiner Tochter Livia aussprechen, die mich bei der Verwirklichung dieses Arbeitsbuches in graphischer Hinsicht perfekt unterstützt hat. Mein Dank gilt auch dem gesamten Team der österreichischen und amerikanischen Legasthenietrainer, die mit vielen praktischen Ideen für die Arbeit mit legasthenen Kindern dazu beigetragen haben, dass dieses Werk zu einem abgerundeten Hilfsmittel für ein individuelles Legasthenietraining geworden ist.

Februar 2000

Vorwort zur 2. Auflage

Es ist außerordentlich wichtig, dass man als Legastheniespezialist, Lehrer und auch als Elternteil den individuellen Anforderungen eines legasthenen Menschen bei Interventionen im Schreib- und Lesebereich nachkommt. Es ist notwendig, die Unterstützung speziell an die Bedürfnisse des legasthenen Menschen anzupassen.

Heute wird bereits in 30 Ländern Kindern und Jugendlichen mittels der AFS-Methode gezielt und erfolgreich geholfen. Die multisensorische Methode, die sowohl den Ursachen als auch den Symptomen einer Legasthenie gerecht wird, ist Ergebnis qualitativer und quantitativer empirisch-pädagogischer Forschung. Ihre Entwicklung wurde durch Feldstudien in interdisziplinärer Zusammenarbeit, unter Einbeziehung neuester wissenschaftlicher Forschungsergebnisse, ermöglicht, wobei neue Forschungsergebnisse weiterhin in die Methode integriert werden können. Die Erkenntnis, dass ein ausschließliches Schreib- und Lesetraining bei einem legasthenen Menschen nicht zu den gewünschten Ergebnissen führt, impliziert auch die Interventionen im Aufmerksamkeits- und Sinneswahrnehmungsbereich.

Für die Durchführung der AFS-Methode - sie ist in sich ein stabiles umfassendes Modell - gibt es einerseits klare Richtlinien. Die drei Bereiche - die Verbesserung der Aufmerksamkeit beim Schreiben und Lesen, das gezielte Schärfen der Sinneswahrnehmungen und das Training an den Fehlern - stellen das Grundgerüst der Methode dar. Die

Methode ist aber andererseits als eine offene Methode zu bezeichnen, weil sie dem Trainer die Freiheit lässt, jede Art von Programmen, Hilfsmitteln, Unterstützungen, die dem Betroffenen helfen, seine Schreib- und Leseleistungen zu verbessern, einzubringen. Diese Offenheit der Methode, die individuell, sinnesspezifisch und logisch ist, garantiert spezielle Interventionen und dadurch den Erfolg. Gewährleistet muss allerdings sein, dass derjenige, der die Hilfe anbietet, ein offenes Ohr und ein wachsames Auge für alle Möglichkeiten hat, um dem Betroffenen zu helfen. Gleichzeitig muss aber stets eine Kontrolle erfolgen, ob man mit den angebotenen Lerninhalten auf dem richtigen Weg ist. Die Flexibilität, jederzeit das Angebot ändern zu können und auf die gegenwärtigen Bedürfnisse des Betroffenen einzugehen, zeigt sich in der praktischen Arbeit als ein enormer Vorteil der Methode, stellt aber einen hohen Qualitätsanspruch an die Kompetenz und die Kreativität des Helfenden.

Durch die rechtzeitige Hilfe auf pädagogisch-didaktischer Ebene ist garantiert, dass dem Kind Sekundärproblematiken, die sich zumeist im psychischen Bereich zeigen, erspart bleiben.
Nach einem pädagogischen Feststellungsverfahren, dem AFS-Computertestverfahren, das gleichzeitig mit der AFS-Methode entwickelt worden ist und dem Spezialisten eine individuelle Planung des Trainings ermöglicht, soll dem Betroffenen dort geholfen werden, wo seine Probleme liegen. Da jede Legasthenie eine individuelle Ausprägung hat, ist dies unbedingt notwendig, damit sich auch ein Erfolg einstellt.

Legasthene Menschen haben keine Lernschwächen oder Lernstörungen, sondern lediglich eine andere Art von Lernfähigkeit. Wird diese Lernfähigkeit individuell unterstützt, dann haben auch legasthene Menschen die Möglichkeit, das Schreiben und Lesen zu erlernen.

Juli 2005

Vorwort zur 3. Auflage

Die AFS-Methode ist eine seit nunmehr über 10 Jahren bewährte pädagogisch-didaktische Methode, mit der es diplomierten LegasthenietrainerInnen, Lehrern, aber auch Eltern möglich ist, Kindern, die von Schreib-, Lese- und/oder Rechenproblemen betroffen sind, gezielt und individuell zu helfen. Unzählige Kinder haben inzwischen von dieser einzigartigen Entwicklung der neueren pädagogischen Forschung profitiert! Ihnen konnte durch die AFS-Methode ermöglicht werden, auch das Schreiben, Lesen und Rechnen zu erlernen.

Eine biogenetisch bedingte Legasthenie in der Ausprägung ohne Sekundärprobleme bedeutet nicht, dass das Kind schwach, gestört, krank oder gar behindert ist. Diese Kinder finden lediglich mit den schulischen Angeboten nicht das Auslangen und müssen deshalb auch eine individuelle, auf ihre Probleme abgestimmte Förderung erhalten. In den Fällen, wo die Verursachung der Schreib-, Lese- und/oder Rechenprobleme in einer biogenetischen Veranlagung zu finden ist, ist nur ein umfassendes Training in den Bereichen, wo das Kind Schwierigkeiten hat, ein Garant dafür, dass ein nachhaltiger Erfolg erzielt werden kann.

Die AFS-Methode wird auch als umfassende Methode bezeichnet, weil die Förderung auf allen Gebieten, in denen das Kind Auffälligkeiten zeigt, mit einer entsprechenden Förderung ansetzt. Da sehr viele Kinder eher von einer biogenetischen Legasthenie betroffen sind und weniger eine erworbene Lese-Rechtschreibschwäche haben – die Unterscheidung Legasthenie oder Lese-Rechtschreibschwäche sollte getroffen werden, weil der Förderansatz unterschiedlich sein muss - ist es sehr wichtig, den legasthenen Kindern dabei zu helfen, die Sinneswahrnehmungsleistungen, die man für das Schreiben und Lesen benötigt, zu stärken. Intakte, gut entwickelte Sinneswahrnehmungen sind zweifellos eine enorm wichtige Voraussetzung für das problemlose Erlernen des Schreibens und Lesens. Schon zu Beginn des vorigen Jahrhunderts hatte man diesen Umstand herausgefunden und daran hat sich auch bis heute natürlich nichts geändert, weil sich auch die menschliche Entwicklung nicht verändert hat.

Weiters ist die Notwendigkeit der Aufmerksamkeitsfokussierung beim Schreiben und Lesen ein weiterer Bereich, der in einem pädagogisch-didaktischen Training unbedingt zu beachten ist, und demnach auch hier eine individuelle Förderung und Hilfestellung erfolgen muss. Dabei haben sich nicht nur Übungen zur Steigerung der Aufmerksamkeit bewährt, sondern auch eine ausreichende Erklärung, warum eine gute Aufmerksamkeit beim Schreiben und Lesen vor Fehlern schützt, hilft den Betroffenen. Dabei ziehen hier sogar sehr junge Kinder, leitet man sie dazu an, sich selbst beim Schreiben und Lesen zu beobachten, einen Nutzen aus dem Bewusstmachen, wo die Gedanken beim Schreiben und Lesen sein sollen. Auch einer individuellen Förderung im Symptombereich wird in der AFS-Methode eine große Bedeutung beigemessen, ohne die es natürlich keinen ausreichenden Erfolg geben kann. Das Training im Bereich des Schreibens und Lesens ist eine Notwendigkeit, die man nicht vernachlässigen darf. Natürlich bedarf es einer ausgiebigen, anhaltenden Übung, um in allen Bereichen einen entsprechenden und auch anhaltenden Erfolg erzielen zu können. Ein Erfolg stellt sich nur durch ein individuelles und auch ausreichendes Training ein.

Die AFS-Methode wird auch als eine offene Methode bezeichnet, weil man alle bewährten Verfahren einsetzen kann, die entweder dazu beitragen, die Sinneswahrnehmungen zu stärken oder eine Aufmerksamkeitsfokussierung beim Schreiben und Lesen zu erreichen und damit auch das eigentliche Training im Schreib- und Lesebereich zu erleichtern. Auch für das Symptomtraining stehen alle Wege offen, damit ein Training individuell auf die Bedürfnisse des Betroffenen abgestimmt werden kann. Dazu ist es aber unbedingt notwendig, dass der Spezialist, der dem Kind hilft, mit seinen Schreib- und Leseproblemen umzugehen, über ein ausreichendes Hintergrundwissen und auch das Wissen um verschiedene Ansätze verfügt. Keine geschlossene Methode kann in jedem Falle zum Erfolg führen, weil die gesamte Problematik viel zu viele unterschiedliche Facetten hat.

Die AFS-Methode ist das Ergebnis pädagogischer Forschung, unter Einbeziehung wissenschaftlicher Erkenntnisse namhafter Forscher aus verschiedenen wissenschaftlichen Disziplinen. „Die vom Dyslexia Research Center USA 1997 veröffentlichten wissenschaftlichen Erkenntnisse, dass ein legasthener Mensch nur durch eine spezielle Worterarbeitung - er muss das Wort in seiner Form sehen, er muss das Wort deutlich hören und er muss unbedingt die Bedeutung des Wortes verstehen - Wörter in seinem Langzeitgedächtnis speichern kann, wurde auch von den Wissenschaftlern Dr. Virginia Berninger und Dr. Elizabeth Aylward von der University of Washington eindrucksvoll durch neue wissenschaftliche Untersuchungen bestätigt ...“ (Astrid Kopp-Duller, Livia R. Pailer-Duller: Legasthenie-Dyskalkulie!?, 2008, S. 154).

Im Konzept der AFS-Methode wird besonders auf die praktische Hilfe und deren Umsetzung in der täglichen Arbeit mit Betroffenen Wert gelegt, denn diese ist entscheidend für den Erfolg dieser Methode und daran wird sie schließlich auch gemessen. In der Zwischenzeit liegt auch das Ergebnis einer wissenschaftlichen Langzeitstudie über die Wirksamkeit der AFS-Methode vor, die man im oben genannten Werk finden kann. Danach konnten 85% der Probanden ihre Leistungen im Schreib-, Lese- und Rechenbereich maßgeblich verbessern!

Für eine Erstellung eines individuellen Trainingsplanes steht das pädagogische AFS-Testverfahren, den man als Teil der AFS-Methode sehen kann, zur Verfügung, welches den Trainingsbeginn maßgeblich unterstützt und auch sehr gute Dienste bei der Erklärung des gesamten Phänomens aus der Sicht der pädagogisch-didaktischen Ebene leistet. Dieses Testverfahren beinhaltet nun auch eine Auswahl von Sprachen wie Deutsch, Englisch, Spanisch und Französisch, sodass Kinder in ihrer Muttersprache getestet werden können. Dies ist von besonderem Vorteil für die zahlreichen diplomierten LegasthenietrainerInnen, die in verschiedensprachigen Ländern tätig sind.

An diese LegasthenierainerInnen richte ich meinen herzlichen Dank für die Hilfe, die sie täglich Menschen mit Schreib-, Lese- und/oder Rechenproblemen zuteil werden lassen!

November 2008

Vorwort zur 4. Auflage

Seit 15 Jahren erfreut sich die AFS-Methode besonderer Beliebtheit bei Spezialisten, welche Menschen mit Schreib-, Lese- und Rechenproblemen auf pädagogisch-didaktischer Ebene helfen.

Die AFS-Methode wird den ganz speziellen und individuellen Bedürfnissen der Menschen mit Schwierigkeiten im Schreib-, Lese- und Rechenbereich gerecht. Dies wird durch die Kombination von vorgegebenen Strukturen und Bereichen mit den frei wählbaren Teilen und Gewichtungen, die eingebracht werden können, erreicht. Man bezeichnet die Methode auch als eine umfassende Methode, weil sie alle Bereiche berücksichtigt, welche Probleme bereiten, und andererseits völlig offen gegenüber allen bewährten Förderansätzen ist. Die AFS-Methode wird deshalb auch als methodenübergreifend bezeichnet.

Die AFS-Methode wurde anhand wissenschaftlicher Erkenntnisse der Ursachenforschung entwickelt. Logische Schlussfolgerungen wurden daraus für die praktische Arbeit mit Betroffenen gezogen. Der weltweite Erfolg spricht für sich.

Immer wieder ist es notwendig, vor allem im Interesse der betroffenen Menschen, ganz klar zum Ausdruck zu bringen, dass Menschen mit Schreib-, Lese- oder Rechenproblemen nicht als schwach, gestört, krank oder gar als behindert zu stigmatisieren sind. Diese Pathologisierung, die hauptsächlich aus Gründen der Finanzierung von Förderstunden von bestimmten Interessensgruppen angestrebt wird, führt nicht nur zur Verunsicherung, sondern auch nicht selten dazu, dass dem Betroffenen eine unbedingt notwendige Hilfe auf pädagogisch-didaktischer Ebene verwehrt bleibt und lediglich „Therapien" von Seiten der Gesundheitsberufe durchgeführt werden. Die besondere Relevanz der pädagogisch-didaktischen Hilfe wird aber durch die AFS-Methode besonders unterstrichen.

Die Tatsache, dass das alleinige Üben am Symptom bei legasthenen Menschen zumeist nicht zum gewünschten Erfolg führt, ist heute weithin bekannt. Eine ausgewogene Förderung muss deshalb vor allem auch ein Training der Aufmerksamkeitsfokussierung beinhalten und schließlich auch ein Training der Basisfunktionen. Dies ist ein weiterer Schritt in Richtung Erfolg. Unglaublicherweise gibt es aber vereinzelt noch immer Stimmen, die bezweifeln, dass ein Sinneswahrnehmungstraining Verbesserungen beim Schreiben, Lesen und Rechnen bewirken kann. Dass solche Leute aber nur Theoretiker sind, liegt wohl nahe. Machen wir doch nur einen Schritt zur Seite und überlegen wir, ob es beim Schreiben und Lesen notwendig ist, dass man genau hinsieht und hinhört, um ausreichende Leistungen zu erbringen. Menschen, die Erfahrungen in der Arbeit mit Kindern gemacht haben, werden dies nur mit einem klaren „Ja" beantworten können.

Legasthene Menschen haben eine besondere Informationsverarbeitung und damit verbunden eine besondere Lernfähigkeit. Man muss ihnen also dabei helfen, am besten in Form von Übungen, ihre normdifferenten Sinneswahrnehmungen zu verbessern. Die Bedeutung intakter Sinneswahrnehmungsleistungen wurde schon von Dr. Maria Montessori und später von Dr. Jean Ayres erkannt. Ausgebildete Funktionen sind sehr relevant für schulische Leistungen, daran hat sich auch in der heutigen Zeit nichts geändert.

Das Konzept der AFS-Methode unterstützt die hochwertige und in jedem Fall notwendige Hilfe durch Pädagogen bei Schreib-, Lese- und Rechenschwierigkeiten. Sie bewirkt im gezielten individuellen Training einen durchschlagenden Erfolg. Zahlreiche wissenschaftliche Arbeiten weltweit beschäftigen sich heute mit der AFS-Methode.

Mai 2012

Vorwort zur 5. Auflage

Die AFS-Methode wird seit mehr als 20 Jahren, heute in über sechzig Ländern weltweit, bei Schreib-, Lese- oder Rechenproblemen sehr erfolgreich im pädagogisch-didaktischen Bereich von Pädagog/innen angewendet. Die große Verbreitung ist sehr erfreulich, weil damit nachweislich unzähligen betroffenen Menschen täglich geholfen wird. Einmal mehr hat sich damit bewahrheitet, dass ein an die praktische Arbeit angelehntes Konzept wesentlich besser funktioniert als ein lediglich in der Theorie entworfenes. Die umfassende Methode, die alle Teilbereiche berücksichtigt, in denen der betroffene Mensch Schwierigkeiten hat, und die Offenheit der Methode, die jeden sinnvollen Ansatz, der zu einer Verbesserung von Schreib-, Lese- oder Rechenproblemen beiträgt, akzeptiert, wurden zu weitest verbreiteten Ansätzen weltweit. Die durchgeführten AFS-Testverfahren, welche eine optimale Förderplanung erlauben, werden jährlich mehr als zehntausendfach durchgeführt.

Ein Schwerpunkt der AFS-Methode war immer die unbedingt notwendige Förderung der Sinneswahrnehmungen, die unerlässlich für ein erfolgreiches Erlernen des Schreibens, Lesens und Rechnens ist. Nicht immer wurde dieses Thema aber einheitlich von der Wissenschaft behandelt. Unverständlicherweise wurden da und dort immer wieder Stimmen laut, welche die Tatsache, dass man nur mit intakten Sinneswahrnehmungen das Schreiben, Lesen oder Rechnen problemlos erlernen kann, bezweifelten. Diese Meinung, dass die Verbesserung der

Sinneswahrnehmung für den Schreib-, Lese- und Rechenerwerb nicht von Bedeutung ist, führte dazumal zu einer schwerwiegenden Verunsicherung unter Fachleuten.

Erinnern wir uns doch an den geistreichen Ausspruch von Aristoteles, 384-322 v. Chr., der einst sagte: „Es ist nichts im Verstand, was nicht zuvor in den Sinnen war." In diesem Zusammenhang sollte man auch Frau Dr. Maria Montessori zitieren, die sich mit unzähligen Kindern beschäftigte und festgestellt hat: „Sinne sind wesentlich. Was ich nicht wahrnehme, existiert nicht für mich!"

Für diplomierte Legasthenie- und Dyskalkulietrainer/innen ist und war ein ausreichendes Sinneswahrnehmungstraining schon immer ein relevanter Teil ihrer erfolgreichen praktischen Arbeit, weil man weiß, dass es dadurch zu wesentlichen Verbesserungen der Schreib-, Lese- und Rechenfähigkeiten kommt. Die besondere Informations-verarbeitung und die damit zusammenhängende besondere Lernfähigkeit von vielen Kindern, die von Schreib-, Lese- oder Rechenproblemen betroffen sind, haben aus dem guten Zusammenwirken aller Sinnessysteme viele Vorteile.

Im Februar 2014 bestätigte die deutsche Forscherin Dr. Katharina Galuschka von der Universität München in einer Studie mit einer Gruppe von Wissenschaftlern die Relevanz der Sinneswahrnehmungs-leistungen und hob in diesem Zusammenhang besonders hervor, dass ein gutes phonologisches Bewusstsein vorteilhaft ist. Zur Verbesserung eines Teils des phonologischen Bewusstseins müssen sehr basale Prozesse der Laut-Buchstaben-Zuordnung und umgekehrt systematisch geübt werden. Dabei wird zunächst gelernt, die einzelnen Laute und Silben zu unterscheiden und den entsprechenden Schriftbildern zuzuordnen. Erst nach und nach kommen die Eingliederung und das Erkennen der Zeichen und Laute in Worten und Sätzen hinzu. Diese Art von Förderung, welche in die optischen, akustischen und auch die räumlichen Sinneswahrnehmungsbereiche hineinfallen, wird von diplomierten Legasthenietrainer/innen im Rahmen der AFS-Methode schon immer sehr erfolgreich praktiziert.

Zum Schluss noch ein Hinweis auf die Relevanz von zwei weiteren Schwerpunkten der AFS-Methode. Diese sind die Fokussierung der Aufmerksamkeit beim Schreiben, Lesen oder Rechnen und auch ein gezieltes, auf die Probleme der betroffenen Personen abgestimmtes Symptomtraining. Die drei bewährten Bereiche werden auch in Zukunft wesentlich zum Erfolg beitragen und damit weiterhin vielen Menschen helfen.

März 2017

Mein Kind ist legasthen

Erkennen - verstehen - akzeptieren - bewältigen

»Vieles deutet darauf hin, dass mein Kind in der Schule zu ganz besonderen Leistungen fähig sein wird!« Diese oder ähnliche Gedanken spielen sich im Kopf von den meisten Eltern legasthener Kinder ab, bevor ihre Kinder in die Schule kommen. Tatsächlich fallen legasthene Kinder in der Vorschulzeit durch besondere Begabungen auf. So zeigen sie meist eine besonders hohe Auffassungsgabe, sind im Umgang mit technischen Dingen oftmals besonders geschickt oder können sich vertieft stundenlang mit Spielen vergnügen: die besten Voraussetzungen für eine gute Schulkarriere, so möchte man meinen.

Umso desillusionierender sind dann auftretende Schwierigkeiten beim Erlernen des Schreibens, Lesens und/oder Rechnens. Diese Schwierigkeiten müssen sich aber gar nicht gleich zu Schulbeginn zeigen. Viele legasthene Kinder können ihre Probleme lange Zeit durch ihre Intelligenz kaschieren. Natürlich passiert dies nicht bewusst. Jedes Kind ist von Grund auf lernwillig! Auch das legasthene Kind versucht alles in seiner Macht Stehende, um mit dem von ihm Verlangten fertigzuwerden. So zeigen sich massive Probleme erst nach einiger Zeit, nämlich dann, wenn die Informationsflut zu groß wird.

Wichtig ist die Wachsamkeit der Eltern, natürlich auch der Lehrer. Zeigen sich Anzeichen einer Legasthenie, sollte man nicht auf bessere Zeiten warten, sondern sofort reagieren. Legasthen zu sein ist doch keine Schande! Leider wird das Phänomen oft mit Krankheit,

Behinderung, Schwäche oder Störung in Zusammenhang gebracht. Dies ist aber absolut falsch und völlig haltlos. Man weiß heute, laut Veröffentlichungen der International Dyslexia Association, dass zirka 15% der Weltbevölkerung von dieser Problematik betroffen sind. Es wäre absolut unhaltbar, alle davon Betroffenen als schwach oder gestört zu bezeichnen. Dies ist wirklich abzulehnen. Vielmehr ist die Bezeichnung »different«, also anders, angebrachter.

Legasthene Menschen haben andere Sinneswahrnehmungen und sind dadurch im Umgang mit Symbolen wie Buchstaben oder Zahlen nicht so geschickt wie andere Menschen. Einzig und allein dies unterscheidet sie von den Nichtlegasthenen. Durch den besonderen Stellenwert des Schreibens, Lesens und auch des Rechnens in unserer Gesellschaft ist diese differente Wahrnehmung natürlich ein Handicap für Legastheniker. Die Intelligenz wird ja nach dem Können in diesen Techniken gemessen. Dies ist natürlich auch nicht korrekt! Es gibt sehr viele wenig intelligente Menschen, die mit den Kulturtechniken nie Schwierigkeiten hatten. Dagegen gibt es sehr viele absolut intelligente Menschen, die große Probleme beim Erlernen des Schreibens, Lesens oder Rechnens haben, wobei ja nicht alle Bereiche betroffen sein müssen.

Nur Eltern und Lehrern, die über das Phänomen der Legasthenie einigermaßen Bescheid wissen, ist es möglich, die besonderen Eigenarten dieser Menschen zu erkennen, zu akzeptieren und damit richtig umzugehen.

Das Phänomen der Legasthenie erkennen

Wann kann man eine Legasthenie vermuten?

Zwei Mal zwanzig Fragen, die Klarheit schaffen!

Zwanzig-Fragen-Katalog vor Schulbeginn	Ja	Nein
• Das Denken findet schneller als das Handeln statt		
• auffällig „gute" und „schlechte" Tage		
• keine, robbende oder verkürzte Krabbelphase		
• verspätetes Gehen, schlechte Körperkoordination		
• Schwierigkeiten beim Binden von Maschen oder beim Knöpfen		
• Hilfsschritte beim Stiegensteigen		
• fällt scheinbar über Dinge (die nicht da sind)		
• kann oben/unten oder rechts/links nicht unterscheiden		
• Schwierigkeiten beim Umgang mit Messer und Gabel		
• Schwierigkeiten beim Umgang mit der Schere		

	Ja	Nein	
• Koordinationsschwierigkeiten beim Malen, malt über den Rand			
• Schwierigkeiten beim Erlernen des Rad-, Skifahrens oder Schwimmens			
• kreiert eigene Wörter wie z.B. „Wasseral" statt Mineralwasser			
• verspätetes Sprechen od. Lispeln/Stottern/Stammeln			
• merkt sich Kinderreime und Lieder nicht gerne, zeigt andererseits eine hohe Merkfähigkeit			
• kann Rhythmen schlecht nachklopfen			
• lehnt Memory- oder Puzzlespiele ab			
• hat eine „eigene" Ordnung			
• ist oft überhastet, oft extrem langsam			
• auffällig gutes Verständnis für technische Dinge			

Werden fünf oder mehrere Fragen mit „Ja" beantwortet, so liegt der Verdacht nahe, das Kind könnte Probleme beim Erlernen des Schreibens, Lesens oder Rechnens bekommen. Sobald das Kind in die Schule kommt, sollte es sehr genau bei seinen Fortschritten beobachtet werden. Auch eine Frühförderung wäre dringend anzuraten.

Zwanzig-Fragen-Katalog nach Schulbeginn

Diese allgemeinen Fragen beziehen sich auf Persönlichkeitsmerkmale, die allen Legasthenikern eigen sind. Ein Zusammentreffen von mehreren Merkmalen lässt darauf schließen, dass es sich um einen legasthenen Menschen handelt. Die Fragen beziehen sich generell auf die Situation beim Schreiben, Lesen oder Rechnen, außer es wird ausdrücklich anders in der Frage formuliert.

	Ja	Nein
• in Alltagssituationen auffällig wach und interessiert		
• in Spielsituationen völlig mit den Gedanken dabei		
• leicht ablenkbar, hört/sieht alles, kann Unwichtiges von Wichtigem nicht immer unterscheiden		
• abwesend, tagträumend		
• auffällige oder verkrampfte Körperhaltung		
• verzögertes Merkvermögen bei Buchstaben/ Wörtern/Zahlen		
• reibt die Augen, blinzelt, äußert Sehprobleme		
• Verschwimmen der Buchstaben und/oder Zahlen		
• geringe Merkfähigkeit beim Auswendiglernen/1x1		
• scheinbare Hörprobleme, versteht schlecht		

	Ja	Nein	
• verwaschene Sprache, sprachliche Mängel			
• herabgesetzte Körperkoordination			
• mangelnde Raum– und/oder Zeitkoordination			
• wird mit der Aufgabe nicht fertig, trödelt			
• geht Anforderungen aus dem Weg			
• schwätzt, zeigt allgemeine verbale Unruhe			
• überaktiv, hat vermehrten Bewegungsdrang			
• reagiert aggressiv, unkontrolliert oder fahrig			
• geringes Selbstwertgefühl, fühlt sich minderwertig			
• in sich zurückgezogen, entmutigt			

Werden fünf oder mehr Fragen mit „Ja" beantwortet, so liegt der Verdacht nahe, das Kind könnte legasthen sein. Nun ist natürlich eine genaue Abklärung notwendig!

Jede Legasthenie ist eine individuelle. Deshalb ist es auch so wichtig, genau zu wissen, worin sie besteht. Nur dann ist gewährleistet, dass eine effiziente Förderung auch den gewünschten Erfolg bringt.

Eine genaue Abklärung sollte durch einen Spezialisten erfolgen. Diplomierte Legastehnietrainer sind dafür ausgebildet. In Anlehnung an die AFS-Methode wurde auch ein spezielles pädagogisches Computertestverfahren zur Feststellung einer Legasthenie entwickelt. Der Test darf nur von dafür ausgebildeten Personen durchgeführt werden. Darüber wird aber noch genauer berichtet werden.

Das Phänomen der Legasthenie verstehen

Vorweg sollte aber festgestellt werden, was man unter Legasthenie überhaupt versteht. Die Definitionen fallen ja recht unterschiedlich aus, je nachdem, wo man sich auf dieser Welt gerade befindet. Nicht einmal im deutschen Sprachraum war man bis dato imstande, nicht zum Wohle der Betroffenen natürlich, sich auf einen gemeinsamen Nenner zu einigen. Häufig stößt man in der deutschen Literatur sogar darauf, dass Bezeichnungen wie Legasthenie und LRS kunterbunt durcheinander-gemischt werden, demnach als die gleiche Problematik verstanden werden. Dass dem gar nicht so ist, soll die nachfolgende Grafik darstellen.

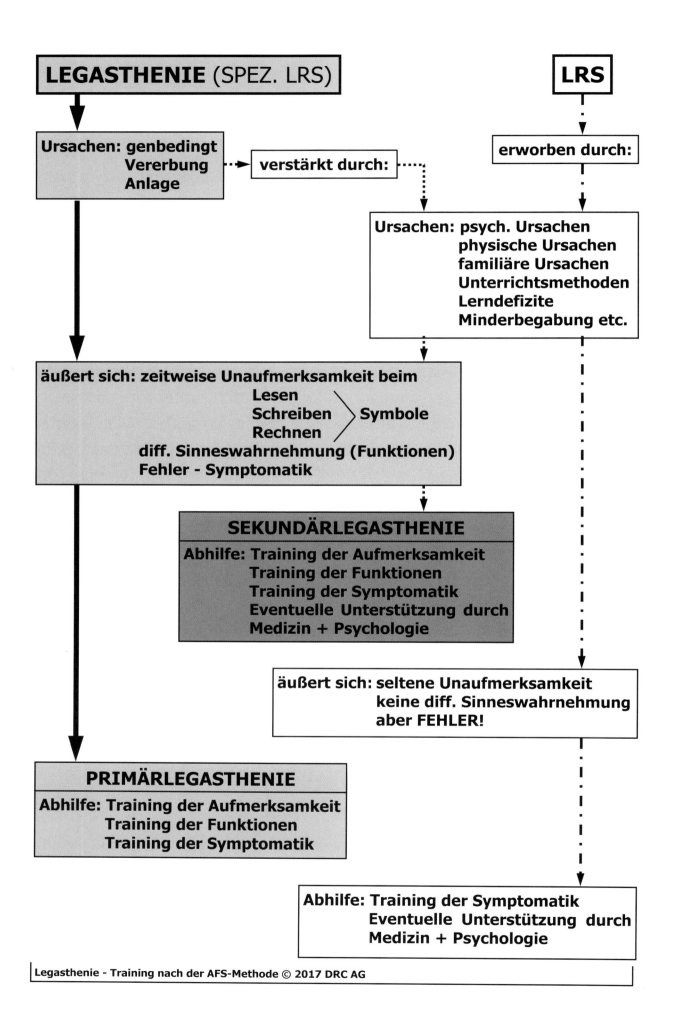

LEGASTHENIE (SPEZ. LRS)

LRS

Ursachen: genbedingt
Vererbung
Anlage

verstärkt durch:

erworben durch:

Ursachen: psych. Ursachen
physische Ursachen
familiäre Ursachen
Unterrichtsmethoden
Lerndefizite
Minderbegabung etc.

äußert sich: zeitweise Unaufmerksamkeit beim
Lesen
Schreiben Symbole
Rechnen
diff. Sinneswahrnehmung (Funktionen)
Fehler - Symptomatik

SEKUNDÄRLEGASTHENIE

Abhilfe: Training der Aufmerksamkeit
Training der Funktionen
Training der Symptomatik
Eventuelle Unterstützung durch
Medizin + Psychologie

äußert sich: seltene Unaufmerksamkeit
keine diff. Sinneswahrnehmung
aber FEHLER!

PRIMÄRLEGASTHENIE

Abhilfe: Training der Aufmerksamkeit
Training der Funktionen
Training der Symptomatik

Abhilfe: Training der Symptomatik
Eventuelle Unterstützung durch
Medizin + Psychologie

Legasthenie - Training nach der AFS-Methode © 2017 DRC AG

Legasthenie und LRS sind nicht das Gleiche!

Die Primärlegasthenie

Die Legasthenie ist meist anlagebedingt, d.h. die Ursache ist im Genbereich zu suchen. Neueste Forschungen bestätigen, dass durch zwei Chromosomen, 15 und 6, diese Erbinformation weitergetragen wird. Lernt das betroffene Kind frühzeitig, also sobald es in die Schule kommt, mit seiner Legasthenie umzugehen, und wirken keine negativen Erlebnisse wie ständige Frustrationen oder Enttäuschungen auf das Kind ein, so wird auch dieser legasthene Mensch das Lesen, Schreiben und Rechnen erlernen, wenn auch etwas langsamer als seine Schulkameraden. Grundbedingung ist natürlich, dass die Erscheinungsformen, die seine individuelle Legasthenie ausmachen, erkannt werden!

Auffällig werden die Kinder zuerst durch ihre Unaufmerksamkeit, wenn sie mit Symbolen, also Buchstaben oder Zahlen, in Verbindung kommen. Diese Unaufmerksamkeit findet man häufiger als bei anderen Kindern. Eine Fehlersymptomatik, sogenannte Wahrnehmungsfehler, sind die Folge. Im Moment des Produzierens solcher Wahrnehmungsfehler nimmt das Kind die unkorrekte Schreibweise nicht wahr.

Werden nun häufig diese Auffälligkeiten beobachtet, sollte der Lehrer einen speziell für diesen Bereich ausgebildeten Kollegen hinzuziehen, der anhand des AFS-Testverfahrens sehr rasch über die Aufmerksamkeit, Sinneswahrnehmungen und Fehlersymptomatik des betroffenen Kindes Aufschluss geben kann. Sind die Sinneswahrnehmungen different, so muss entsprechend dem Testergebnis die Förderung, d.h. das Training der Aufmerksamkeit, der Funktionen und das Training an den Fehlern, der Symptomatik, einsetzen. Hat ein Kind nun eine zeitweise Unaufmerksamkeit beim

Lesen, Schreiben oder Rechnen (es kann auch nur ein Gebiet betroffen sein), differente Funktionen und eine entsprechende Fehlersymptomatik aufzuweisen, ist aber sonst nicht auffällig geworden, so kann man von einer Primärlegasthenie sprechen.

Die Sekundärlegasthenie

Wird die Primärlegasthenie durch verschiedene Ereignisse verstärkt, die sich im Kind, um das Kind oder in der Schule ereignen, so spricht man von einer Sekundärlegasthenie. Die Ursachen für eine Sekundärlegasthenie können sehr vielfältig sein. Durch psychische Ursachen hervorgerufen, wegen ständiger Überforderung oder Frustration, über physische Ursachen wie Schwerhörigkeit, Sehschwäche, Körperbehinderung, Sprachauffälligkeiten usw. oder familiäre Ursachen wie Scheidung, wenig Förderung usw., aber auch durch nicht adäquate Unterrichtsmethoden, Lerndefizite, natürlich auch Minderbegabung, kann es zu einer Sekundärlegasthenie kommen. Treten Facetten aus der gesamten Palette von psychischen bis physischen Erscheinungsformen zusätzlich zur Primärlegasthenie auf, so ist zusätzlich zum Training durch einen Legastheniespezialisten auch unbedingt der Psychologe oder Mediziner hinzuzuziehen.

Die erworbene LRS

Im Unterschied zur Legasthenie wird die LRS erst durch verschiedene Ereignisse, die im Leben eines Kindes vorkommen können, erworben. Die Ursachen einer LRS sind in den gleichen Bereichen zu suchen, die eine Sekundärlegasthenie ausmachen. Der Unterschied besteht lediglich darin, dass bei LRS-Kindern die Unaufmerksamkeit im Umgang mit Symbolen nicht so deutlich hervortritt und dass keine Sinneswahrnehmungen different sind, die Fehlersymptomatik aber die gleiche ist. Abhilfe kann durch gezieltes Üben an den Fehlern und eventuelle Unterstützung durch die Psychologie und Medizin geschaffen werden.

Es kann daraus der Schluss gezogen werden, dass legasthene Kinder zusätzlich zur Symptomförderung, dem Training an den Fehlern, dringend gezielte Förderung in der Sinneswahrnehmung benötigen. Außerdem muss das Training der Aufmerksamkeit auch ein wesentlicher Bestandteil der Förderung sein. Nur wenn alle drei Bereiche individuell an die Bedürfnisse des Kindes angepasst werden, sind maßgebliche Erfolge zu erzielen.

Das pädagogische AFS-Testverfahren zur Feststellung einer Legasthenie ist nun der erste Schritt, der zu tun ist, sollten sich genügend Verdachtsmomente ergeben. Der Test wird in der pädagogischen Förderdiagnostik eingesetzt und dient der Förderplanung. Die Testergebnisse sind ein Leitfaden für die erste Phase des Trainings. Verfehlt wäre es zu glauben, dass das gesamte Training ausschließlich auf den Test auszurichten ist. Wichtig ist vielmehr die Umsichtigkeit des Fachmannes, der ständig die Reaktionen des Kindes beobachten muss, um nicht in eine Sackgasse zu geraten. Aus diesem Grunde sollten auch nur Legastheniespezialisten, die über das nötige Wissen verfügen, diesen Test machen.

Das Phänomen der Legasthenie akzeptieren

Stellt sich nun heraus, dass man es mit einem legasthenen Kind zu tun hat, so ist es in erster Linie wichtig, diesen Umstand zu akzeptieren. Niemand verlangt, dass Eltern oder auch Lehrer darüber erfreut sind. Man sollte das Kind darüber aufklären, ihm jedoch nie das Gefühl geben, ein Außenseiter zu sein. Natürlich ist auch davon abzuraten, das Kind nun als Wunderkind hochzujubeln. Legasthene Menschen können ja tatsächlich auf bestimmten Gebieten Hervorragendes leisten, aber nicht jedes legasthene Kind ist ein »Einstein«, das sollte allen Beteiligten klar sein.

Dass man aber einen so bedeutenden Umstand akzeptieren kann, setzt ein Grundwissen um das Phänomen der Legasthenie voraus. Dieses sollte sich jeder Elternteil, aber auch jeder beteiligte Lehrer aneignen. Niemand verlangt, dass die Personen um das legasthene Kind allesamt Spezialisten sein müssen, doch ist wie gesagt ein Grundwissen von Vorteil: nicht nur für das Kind, sondern auch für sich selbst.

Noch einmal soll betont werden, dass es absolut keine Tragik für Eltern ist, wenn sich herauskristallisiert, dass man ein legasthenes Kind hat. Die Akzeptanz dieser besonderen Situation ist eine wichtige Voraussetzung für ein gutes Fortkommen des Betroffenen. Am leichtesten werden legasthene Kinder von Eltern verstanden, die selbst mit einer Legasthenie in der Schulzeit gekämpft haben. Die Legasthenie ist ein Phänomen, welches zwar ein Leben lang bestehen bleibt, das einen aber meist nur während der Schulzeit tangiert. Das ständige Hadern mit dem Schicksal, das ständige Signalisieren, wie schwierig es mit einem legasthenen Menschen ist, führt früher oder später zur totalen Frustration. Und es kann so aus einer Primärlegasthenie eine Sekundärlegasthenie entstehen.

Es ist auch für das betroffene Kind wichtig zu wissen, dass es einfach notwendig und unumgänglich ist, in den Bereichen Schreiben, Lesen oder Rechnen mehr Zeit und Arbeit zu investieren, als dies andere Kinder tun. Hat sich der Betroffene und seine Umgebung einmal damit abgefunden, dass es nicht möglich ist, um dieses Problem herumzukommen, so ist ein wichtiger Grundstein dafür gelegt, die Kulturtechniken ohne große Schwierigkeiten zu meistern. Schreiben, Lesen und Rechnen sind einfach Tätigkeiten, die man in einer zivilisierten Welt mehr oder weniger beherrschen muss.

Das Pädagogische AFS-Computertestverfahren

Zur Feststellung einer Legasthenie/LRS und/oder Dyskalkulie/Rechenschwäche

AFS - Dyslexia Screening Test

Dieses für den deutschen Sprachraum einzigartige, standardisierte Testverfahren (AFS-Test) wurde in den letzten Jahrzehnten an mehr als einhunderttausend Kindern im Alter von 6 bis 14 Jahren evaluiert. Es wurde in den Vereinigten Staaten von Amerika, unter Mitwirkung von Frau Dr. Astrid Kopp-Duller, in einem Forschungszentrum für Legasthenie (Dyslexia Research Center) entwickelt. Auch wurde der Test von Frau Dr. Kopp-Duller für den deutschen Sprachraum umgesetzt. Dieser Test soll Lehrern, Trainern und auch Eltern die praktische Arbeit mit Kindern die Schreib-, Lese- oder Rechenprobleme haben, erleichtern.

Dieses neue Computertestverfahren ermöglicht es mit minimalem Zeitaufwand, eine eventuell vorliegende Legasthenie/LRS/Dyskalulie oder andere Rechenproblematik festzustellen und sie zu kategorisieren. Die Kategorisierung ist deshalb so wichtig, weil jedes legasthene Kind seine individuelle Legasthenie oder Dyskalulie hat. Damit ist es auch möglich eine Legasthenie von einer LRS abzugrenzen und die notwendigen Fördermaßnahmen, die natürlich unterschiedlich sein werden, zu tätigen. Nach der Erstellung einer Diagnose wird ein speziell auf das Testergebnis abgestimmtes Trainingsprogramm nach der AFS-Methode vorgeschlagen.

Warum wurde dieses pädagogische Testverfahren entwickelt?

Das vorliegende pädagogische Verfahren wurde speziell dafür entwickelt, die individuelle Legasthenie/Dyskalkulie eines Kindes auf eine rasche und effiziente Weise in der Schule oder außerschulisch oder auch in der Praxis eines diplomierten Legasthenie- und/oder Dyskalkulietrainers festzustellen und zu kategorisieren. Personen, die sich mit dem Kind beschäftigen, wie der Trainer selbst, können spezielle individuelle, auf das Kind abgestimmte und seinen Bedürfnissen entsprechende Förderungs- bzw. Trainingsprogramme durchführen. Unter der Anleitung des ausgebildeten Trainers sollen in die Förderung auch die Lehrer und die Eltern des Kindes einbezogen werden.

Wer darf dieses pädagogische Testverfahren durchführen?

Die Thematik um die Legasthenie/Dyskalkulie ist ein ausgesprochen umfassendes Wissensgebiet, welches sehr sensibler Handlungsweisen bedarf. Deshalb ist es ausschließlich speziell dafür ausgebildeten und diplomierten Legasthenie- und Dyskalkulietrainern vorbehalten, dieses Verfahren durchzuführen.

Wann soll dieses pädagogische Testverfahren angewendet werden?

Neueste wissenschaftliche Erkenntnisse zeigen, dass man nur dann von einer Legasthenie/Dyskalkulie sprechen kann, wenn bei einem Kind beobachtet wird, dass erstens die Aufmerksamkeit zeitweise sehr stark nachlässt, wenn es schreibt, liest, rechnet, sich also mit Symbolen beschäftigt; zweitens Sinneswahrnehmungen, die man für das Schreiben, Lesen oder Rechnen benötigt, different ausgeformt sind und drittens das Kind sehr außergewöhnliche Fehler beim Schreiben, Lesen oder Rechnen produziert. Ergeben sich durch Beobachtung bei einem Kind oben genannte Verdachtsmomente, so soll der Test durchgeführt werden.

Was leistet dieses pädagogische Testverfahren?

- **Überprüfung der Aufmerksamkeit**

Wie aufmerksam ist das Kind, wenn es schreibt, liest oder rechnet?

Die Aufmerksamkeit, welche ein Kind beim Schreiben, Lesen oder Rechnen braucht, wird überprüft.

- **Überprüfung der Sinneswahrnehmungen**

Wie steht es um die altersgemäßen funktionellen Leistungen, die Sinneswahrnehmungen bzw. Teilleistungen des Kindes?

Die Sinnesleistungen, die man beim Schreiben, Lesen oder Rechnen braucht, werden überprüft.

Sinneswahrnehmungen, die im AFS-Testverfahren überprüft werden, welche der internationalen Einteilung der verschiedenen Funktionen/ Sinneswahrnehmungen/Teilleistungen entspricht:

OPTIK:
OPTISCHE DIFFERENZIERUNG
OPTISCHES GEDÄCHTNIS
OPTISCHE SERIALITÄT

AKUSTIK:

    AKUSTISCHE DIFFERENZIERUNG

    AKUSTISCHES GEDÄCHTNIS

    AKUSTISCHE SERIALITÄT

RAUMWAHRNEHMUNG:

    RAUMORIENTIERUNG

    KÖRPERSCHEMA

Zum Vergleich: die in Österreich und Deutschland einst übliche Einteilung der Funktionen/Sinneswahrnehmungen/Teilleistungen:

OPTIK:

    OPTISCHE FIGUR-GRUND-DIFFERENZIERUNG

    OPTISCHE DIFFERENZIERUNG

    OPTISCHES GEDÄCHTNIS

AKUSTIK:

    AKUSTISCHE FIGUR-GRUND-DIFFERENZIERUNG

    AKUSTISCHE DIFFERENZIERUNG

    AKUSTISCHES GEDÄCHTNIS

RAUMLAGE:

    RAUMORIENTIERUNG

    TAKTIL-KINÄSTHETISCHER BEREICH

    KÖRPERSCHEMA

SERIALITÄT

INTERMODALITÄT

Die individuelle Analyse der Fehlersymptomatik

Wie äußert sich die Symptomatik beim Kind? Anhand von Schriftproben, Leseübungen und/oder Rechenaufgaben, die das Kind über mehrere Monate geleistet hat, wird eine genaue Fehleranalyse durchgeführt. Sollten für die Auswertung keine Beobachtungen dieser Art möglich gewesen sein, so ist zusätzlich ein Lese- und Rechtschreibtest und/oder Rechentest durchzuführen.

Wahrnehmungsfehler contra Rechtschreibfehler

Zwischen diesen zwei Fehlerkategorien muss unbedingt unterschieden werden, da sonst das legasthene/dyskalkule Kind immer falsch eingeschätzt wird. Grundsätzlich entstehen Wahrnehmungsfehler, wie der Name schon ausdrückt, durch die differente Wahrnehmung des legasthenen/dyskalkulen Menschen. Durch diese differente Wahrnehmung sind die Gedanken und das Handeln nicht im Einklang, Wahrnehmungsfehler sind die Folge. Hingegen ist die Ursache von Rechtschreibfehlern eher in der Unkenntnis des Wortes, des Regelwissens etc. zu suchen.

Wahrnehmungsfehler:	Rechtschreibfehler:
resistent, häufig Fehler, schwierige Wörter werden meist mühelos geschrieben	manchmal bis häufig Fehler, auch bei schwierigen Wörtern
differenzierte Fehlersymptomatik, (Buchstabenauslassungen, Vertauschungen, harte/weiche Konsonanten etc.)	keine differenzierte Fehlersymptomatik, Fehler lassen sich nicht in Kategorien einteilen

Legasthene Menschen machen Wahrnehmungsfehler

➢ Fehler treten bei häufig geschriebenen sogenannten „leichten" Wörtern auf

kahm

giebt

unt

➢ in einem Text wird ein und dasselbe Wort unterschiedlich geschrieben

spillen

spilen

spielen

spieln

➢ schwierige Wörter werden nahezu mühelos geschrieben

Wahrnehmungsfehler:	Rechtschreibfehler:
im gleichen Text unterschiedliche Schreibweisen eines Wortes	im gleichen Text gleiche falsche Schreibweise eines Wortes
Training an den Fehlern alleine genügt nicht	gute Erfolge durch Training an den Fehlern und Verbesserung des Regelwissens
Fehlerarten:	**Fehlerarten:**
Speicherfehler, Nichtmerken des Wortbildes	Flüchtigkeitsfehler
Wortdurchgliederungsfehler	mangelndes Regelwissen
Verwechslung von harten und weichen Konsonanten	Merkfehler etc.
Groß- und Kleinschreibung	
Dehnungs- und Schärfungs-fehler etc.	

Eine genaue Auswertung der drei Gebiete zeigt, wo die individuelle Förderung anzusetzen ist. Ein Trainingsplan kann erstellt werden. Wichtig ist hier anzumerken, dass Trainingspläne immer nur vorläufigen Charakter haben, d.h. dass die Person, welche mit dem Kind arbeitet, stets genaue Beobachtungen zu tätigen hat, wie das Kind auf die ihm angebotene Förderung reagiert. Es ist deshalb unbedingt notwendig, dass der Trainer eine umfassende Kenntnis der verschiedenen Fördermöglichkeiten bzw. Methoden hat, die einem legasthenen/

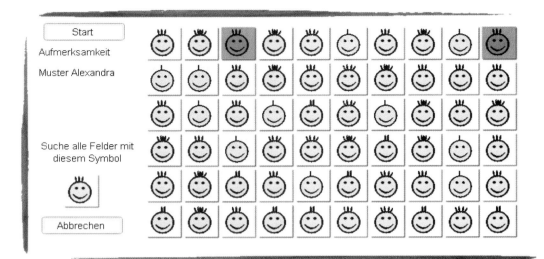

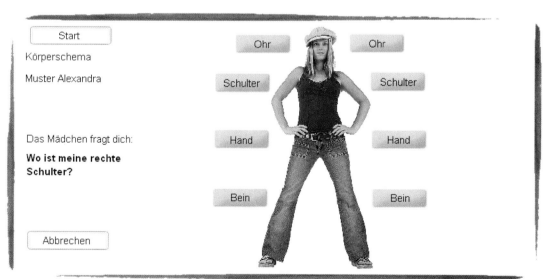

Aus dem Computerprogramm: AFS-TEST http://www.dyslexiatest.com

dyskalkulen Kind helfen, seine individuelle Legasthenie/Dyskalkulie zu überwinden.

Worüber kann dieses pädagogische Testverfahren keine Aussagen treffen?

- Dieses Verfahren trifft grundsätzlich keine Aussagen über etwaige medizinische oder psychologische Probleme des Testkandidaten.
- Dieses Verfahren trifft keine Aussagen über die Intelligenz des Testkandidaten.
- Dieses Verfahren trifft keine Aussagen über Entwicklungs-verzögerungen des Testkandidaten.
- Dieses Verfahren trifft keine Aussagen über psychosomatische oder psychopathologische Probleme des Testkandidaten.
- Dieses Verfahren trifft keine Aussagen über grob- bzw. feinmotorische Probleme des Testkandidaten.
- Dieses Verfahren trifft keine Aussagen über Sprech- oder Sprachprobleme des Testkandidaten.
- Dieses Verfahren trifft keine Aussagen über physische Hör- oder Sehprobleme des Testkandidaten.
- Dieses Verfahren trifft keine Aussagen über den Lebensbereich, der den Testkandidaten umgibt.

Grundsätzlich arbeiten diplomierte Legasthenie- und/oder Dyskalkulietrainer natürlich mit gesunden Kindern. Eine Abklärung, ob es körperliche Defizite im Bereich des Hörens, Sehens oder auf anderen Gebieten gibt, ist vor Beginn der Förderung unbedingt notwendig. Ein Negieren dieser Probleme kann dazu führen, dass auch ein noch so gutes Legasthenie- und/oder Dyskalkulietraining wenig Erfolg zeigt. Sollten sich Verdachtsmomente in einem der oben genannten Bereiche ergeben, so sind vom diplomierten Legasthenie- und/oder Dyskalkulietrainer und von Lehrern oder Eltern selbstverständlich weitere Spezialisten hinzuzuziehen, damit ein erfolgreiches Training garantiert werden kann.

Die AFS-Methode

Das Phänomen der Legasthenie bewältigen

Die Methode beruht auf der logischen Schlussfolgerung, dass legasthene Menschen nur durch ein spezielles und umfassendes Training dazu im Stande sind, das Schreiben, Lesen oder auch Rechnen zu erlernen; dass leider ein alleiniges Üben an ihren Fehlern mehr schadet, als es nützt; dass übliche Methoden bzw. die Standardmethoden bei diesen Menschen nicht ausreichen, die Kulturtechniken zu erlernen, da sie spezielle Anforderungen haben. Werden ihnen diese zuteil, so steht dem Erfolg nichts im Wege. Dafür müssen drei grundlegende Anforderungen erfüllt werden.

- Das bewusste Steigern der **Aufmerksamkeit** muss erreicht werden, wenn geschrieben, gelesen oder gerechnet wird.

- Die Sinneswahrnehmungen, die **Funktionen**, müssen durch ein gezieltes Training verbessert werden.

- Im **Symptombereich**, also beim Schreiben, Lesen und Rechnen, müssen spezielle Techniken angewendet werden, damit der legasthene Mensch diese Kulturtechniken erlernen und bewältigen kann.

Die gesamte Förderung sollte aber noch von zwei wesentlichen Faktoren umrahmt werden: erstens dem »Lobesfaktor« und zweitens dem genauso relevanten »Zeitfaktor«. Die Praxis hat gezeigt, dass legasthene Menschen wesentlich mehr auf ein positives Feedback in

Bezug auf ihre Leistungen im Schreiben, Lesen oder Rechnen angewiesen sind als nicht betroffene. Deshalb ist es sehr wichtig, dass Lehrer, Spezialisten und natürlich auch Eltern, jede auch noch so kleine Leistung übergebührend herausheben. Lob ist das tägliche Brot dieser Kinder - ohne Erfolgserlebnisse können sie die Schule nicht ohne Sekundärschädigungen bewältigen. Wichtig ist, ihre Leistungen und Fortschritte nie an denen anderer Kinder zu messen, sondern immer nur an den eigenen. Auch brauchen legasthene Menschen effektiv mehr Zeit, um Buchstaben, Wörter, Zahlen oder Rechenoperationen im Gedächtnis zu verankern, als nicht betroffene. Nur wenn darauf Rücksicht genommen wird, es möglich, auch diesen Menschen ohne extrem große Mühe das Schreiben, Lesen und Rechnen beizubringen. Tatsache ist, dass die AFS-Methode ohne diese zwei genannten Faktoren nicht das erbringen kann, was man sich wünschen möchte, nämlich den Erfolg solcher Kinder beim Erlernen der Kulturtechniken!

Das Aufmerksamkeitstraining

In der Praxis hat sich ganz deutlich gezeigt, dass legasthene Kinder, die gelernt haben, ihre Gedanken in der Hand zu haben, sie bewusst zu benützen und zu lenken, zu wesentlich besseren Leistungen beim Schreiben, Lesen oder Rechnen im Stande sind.

 Die Forderung nach einem Zusammenschließen des Denk- und Handlungsprozesses, der bei legasthenen Kindern meist nicht gleichzeitig stattfindet, wenn sie mit Symbolen in Verbindung kommen, ist eine der Grundlagen, auf denen die AFS-Methode basiert.

Menschen können grundsätzlich entweder ihre Gedanken besser oder schlechter lenken. Im Volksmund spricht man von Menschen, die sich gut konzentrieren können, oder Menschen, die sich halt nicht so gut konzentrieren können, wobei eigentlich gemeint ist, dass der Mensch mehr oder weniger aufmerksam bei einer Sache ist. Nun ist diese Gabe legasthenen Menschen so gar nicht eigen oder zumindest dann nicht, wenn es um das Schreiben, Lesen oder Rechnen geht.

Es wird nun den Kindern mit Übungen oder auch nur verbalen Mitteln bewusst gemacht, dass es für sie von großem Vorteil ist, bei den Tätigkeiten des Schreibens, Lesens oder auch des Rechnens wirklich intensiv gedanklich dabei zu sein, sozusagen »bei der Sache« zu sein. Haben die Kinder dies einmal im Griff, ist schon ein größerer Teil der Förderung passiert, als man sich dies als Laie oder Nichtbetroffener vorstellen kann. Besonders beeindruckend sind immer die »Aha-Erlebnisse« der Kinder, wenn sie es geschafft haben, bewusst ihre Gedanken auf die Buchstaben, Wörter oder Zahlen zu lenken, und dadurch plötzlich über einen längeren Zeitraum mehr Leistung erbringen konnten oder auch schneller die Dinge erledigten, die man von ihnen verlangt. Um dies auch leisten zu können, ist ein sehr ausgiebiges Hinführen oder auch Training notwendig, das unbedingt von einem intensiven Zeitaufwand begleitet wird. Denn wer denkt, Gedankenlenken wäre eine Leistung, die sehr einfach zu erlernen ist, der irrt. Nicht nur intensive Arbeit ist hier zu leisten, sondern vor allem auch ein unbändiger Wille ist notwendig, um seine Situation verbessern zu wollen. Nur wenn der Legastheniker sich seiner Lage bewusst ist und ehrlich eine Änderung herbeiführen will, kann eine Verbesserung seines Zustandes erreicht werden.

Es gibt nun zwei Möglichkeiten, dem legasthenen Kind dabei zu helfen, seine Gedanken lenken zu lernen.

Eine grundlegende Anforderung ist es, dass es ständig notwendig ist, mit dem Kind darüber zu sprechen, es beim Schreiben, Lesen oder Rechnen darauf aufmerksam zu machen, an das zu denken, wobei es gerade ist. Das soll - oder besser noch muss - sowohl in der

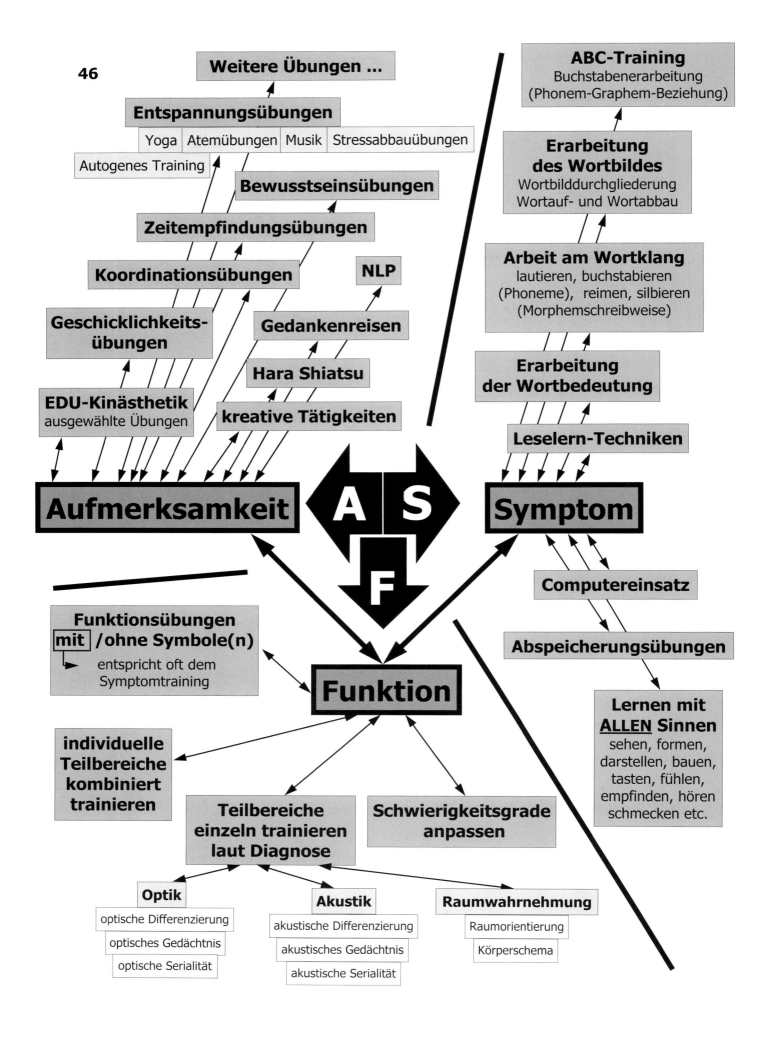

46

Weitere Übungen ...

Entspannungsübungen

Yoga | Atemübungen | Musik | Stressabbauübungen

Autogenes Training

Bewusstseinsübungen

Zeitempfindungsübungen

Koordinationsübungen

NLP

Geschicklichkeits-übungen

Gedankenreisen

Hara Shiatsu

EDU-Kinästhetik
ausgewählte Übungen

kreative Tätigkeiten

Aufmerksamkeit

A S F

Symptom

ABC-Training
Buchstabenerarbeitung
(Phonem-Graphem-Beziehung)

Erarbeitung
des Wortbildes
Wortbilddurchgliederung
Wortauf- und Wortabbau

Arbeit am Wortklang
lautieren, buchstabieren
(Phoneme), reimen, silbieren
(Morphemschreibweise)

Erarbeitung
der Wortbedeutung

Leselern-Techniken

Computereinsatz

Abspeicherungsübungen

Funktionsübungen
mit /ohne Symbole(n)
↳ entspricht oft dem
Symptomtraining

Funktion

Lernen mit
ALLEN Sinnen
sehen, formen,
darstellen, bauen,
tasten, fühlen,
empfinden, hören
schmecken etc.

individuelle
Teilbereiche
kombiniert
trainieren

Teilbereiche
einzeln trainieren
laut Diagnose

Schwierigkeitsgrade
anpassen

Optik

optische Differenzierung

optisches Gedächtnis

optische Serialität

Akustik

akustische Differenzierung

akustisches Gedächtnis

akustische Serialität

Raumwahrnehmung

Raumorientierung

Körperschema

Hausaufgabensituation als auch durch den Lehrer in der Schulsituation passieren. Man muss aber aufpassen, dass man nicht immer gleiche Redewendungen gebraucht, damit das Hinhören des Betroffenen auch erhalten bleibt. Deshalb haben sich z.B. auch Handzeichen bewährt. Einmal vereinbart, merkt sich das Kind sehr genau die Bedeutung dieser Zeichen. Hebt man den Daumen in die Höhe (siehe Abb.) und spricht

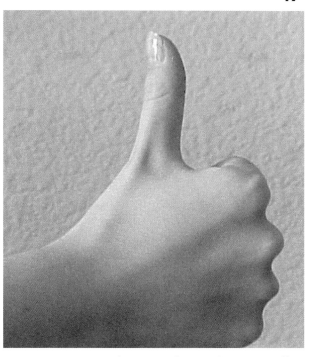

das Kind gleichzeitig mit dem Namen an, so kann das eine große Unterstützung sein. Das Kind weiß nun, jetzt muss ich mich wieder meiner Arbeit voll und ganz zuwenden. Es merkt, jetzt war ich nicht bei der Sache, ich soll mich dieser wieder widmen. Die gleiche Wirkung tun auch »Sticker«, die z.B. auf dem Federpennal kleben, auf die gezeigt werden kann.

Alleine durch so ein ständiges Trainieren und Lenken seiner Gedankengänge kann eine wesentliche Verbesserung erreicht werden. Man soll dem Kind aber auch angewöhnen, sich selbst zu beobachten. Vorerst muss aber erreicht werden, dass die Kinder überhaupt daran denken, die Gedanken auf die Sache zu bringen. Die Kinder, einmal an das gewöhnt, merken sehr bald, wenn sie bei der Arbeit plötzlich anderen Gedanken nachgehen, und holen sich selbst zurück. Sobald sich vor allem Erfolgserlebnisse einstellen, bekommen sie richtigen Spaß daran. Auf diese Erfolgserlebnisse müssen die Kinder aber durch Erwachsene aufmerksam gemacht werden. Unmittelbar nach der Leistung soll darauf hingewiesen werden, dass die Arbeit nun schnell und richtig vonstattengegangen ist. Die Technik des Gedankenlenkens muss sehr tief in das Unterbewusstsein des Kindes dringen. Wird dies erreicht, so geschieht die Anwendung schließlich automatisch. Sobald sich das Kind dem Schreiben, Lesen oder Rechnen zuwendet, schaltet sich diese Automation ein. Wird diese Stufe erreicht, kann der Trainer einen tollen Erfolg verbuchen.

2) Eine weitere Möglichkeit besteht darin, dem Kind dabei zu helfen, sich besser den Kulturtechniken zu widmen, indem man verschiedene Techniken und Übungen zur Steigerung der Aufmerksamkeit mit dem Kind durchführt. Alle Methoden und Ansätze, die dem Kind helfen, seine Gedanken besser bei der Sache zu halten, sind willkommen. Die AFS-Methode ist offen für alle Ansätze und lässt sie gelten. Voraussetzung dafür ist, dass sie legasthenen Kindern nachweislich helfen, ihre Gedanken zu beherrschen. Ob der Ansatz nun aus der Edu-Kinästhetik oder aus der neurolinguistischen Programmierung kommt, alles ist willkommen, was dem Kind hilft. Viele sogenannte Alternativmethoden können ein erfolgreiches Training abrunden.

Eine Kombination beider Ansätze, dass man beide zusammen wirken lässt, ist natürlich auch eine weitere Möglichkeit.

 Das Geheimnis der AFS-Methode liegt überhaupt in dem Zusammenwirken der drei Komponenten, Aufmerksamkeit, Funktion, Symptom, plus dem Lobes- und Zeitfaktor. Alle Komponenten sollen sich in ihrer Art ergänzen, ineinanderwirken und so dem legasthenen Kind eine Hilfestellung geben.

Im angeschlossenen Übungsteil finden Sie eine Anzahl von Übungen, die zur Steigerung der Aufmerksamkeit beitragen können. Es gibt keine Übung, die bei jedem Menschen seine Wirkung tut, denn dann hätte man ja den „Stein der Weisen" gefunden. Deshalb ist es sehr wichtig, dass Personen, welche mit legasthenen Kindern arbeiten, Wege finden, die dem Kind individuell helfen. Die genaue Beobachtung der Kinder trägt sehr viel dazu bei, dass das Legasthenietraining erfolgreich wird.

Das Funktionstraining

 Mit einer kontinuierlichen Verbesserung der Wahrnehmungsleistungen werden wesentliche Voraussetzungen für bessere Leistungen beim Lesen, Schreiben oder Rechnen geschaffen.

Was sind nun Funktionen der Sinneswahrnehmungen, auch Teilleistungen genannt?

Wie die Bezeichnung schon nahelegt, müssen beim Schreiben, beim Lesen oder beim Rechnen Sinnesleistungen erbracht werden. Nur ein einwandfreies Funktionieren dieses Zusammenspiels der Sinneswahrnehmungen gewährleistet ein fehlerfreies Funktionieren dieser Tätigkeiten. Ist aber nur ein Teil der Sinneswahrnehmungen different ausgeprägt, so ergeben sich zumal Schwierigkeiten beim Schreiben, Lesen oder Rechnen. Es ist aber nicht richtig, dass isolierte differente Sinneswahrnehmungen darauf schließen lassen, dass ein Kind auch Probleme beim Schreiben, Lesen oder Rechnen bekommt. Andere Komponenten, wie eine zeitweise Unaufmerksamkeit beim Schreiben, Lesen oder Rechnen, die bei anderen Tätigkeiten nicht zu beobachten ist, und auch Schwierigkeiten im Symptombereich, müssen vorhanden sein, damit man von einer Legasthenie sprechen kann.

Anhand einer Ansagesituation ist das Zusammenwirken der verschiedenen Sinneswahrnehmungen sehr gut zu erkennen: Die Schüler sitzen in der Klasse, der Lehrer macht sich dazu bereit, den Kindern eine Ansage vorzusprechen. Unser betroffenes Kind wollen wir Thomas nennen. Thomas sitzt auf seinem Sessel und rutscht hin und her. Seine Füllfeder nimmt er immer wieder in den Mund und kaut darauf herum. Man bemerkt, dass sein Zustand keineswegs das ist, was man als entspannt bezeichnen könnte. In der Klasse herrscht allgemeine Unruhe. Thomas wird von allem abgelenkt. Sein Freund, der neben ihm sitzt, lässt die Füllfeder auf den Tisch fallen. Damit hat er nun die uneingeschränkte Aufmerksamkeit von Thomas. Nun beginnt der Lehrer zu sprechen. Der Lehrer in der Schule und die Mutter zu Hause haben Thomas immer wieder gesagt, dass er, wenn er schreibt, unbedingt an das denken müsse, was er gerade tut. Thomas erinnert sich in diesem Moment an diese Anweisung, denn er hat schon bemerkt, dass er bessere Leistungen erbringen kann, wenn er es wirklich schafft, bei der Sache zu sein. Thomas hört die Worte des Lehrers. Jetzt ist ein entscheidender Zeitpunkt gekommen. Er muss das Gehörte in Buchstaben und Wörter kleiden. Was hier nun im Detail im Gehirn von Thomas passiert, damit könnte man schon mehrere Kapitel füllen, würde aber in diesem Rahmen zu weit führen.

Sinneswahrnehmungen:

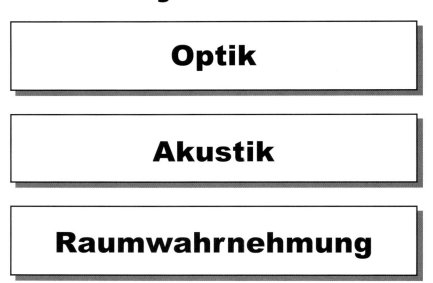

Optik

Akustik

Raumwahrnehmung

Wichtig ist es zu wissen, dass bei diesem Prozess der Umsetzung von Lauten zu Buchstaben die Sinneswahrnehmung der Optik, Akustik und der Raumwahrnehmung funktionieren muss. Die Optik wie die Akustik werden jeweils in drei Untergebiete eingeteilt. Ob ein Kind Probleme mit der Optik hat, kann man schon an vielen Tätigkeiten des täglichen Lebens ersehen, die vorerst gar nichts mit den Kulturtechniken zu tun haben. Viele Kinder, die eine differente optische Wahrnehmung haben, müssen meist alles angreifen, um es begreifen zu können. Auch fällt auf, dass sie bei Farb- und Formunterscheidungen oft Probleme haben. Sie können ähnliche Dinge, z.B. zwei Bilder, die sich nur durch einige Fehler unterscheiden, nicht als ungleich erkennen. Optische Informationen werden generell schlecht gespeichert. Sollen sie ein Muster aus dem Gedächtnis nachzeichnen, so gelingt dies nur selten. Diese Probleme setzen sich dann natürlich beim Erlernen des Schreibens, Lesens oder Rechnens fort.

Optische Differenzierung

Als optische Differenzierung bezeichnet man die Leistung, verschiedene Buchstaben, die eine Ähnlichkeit haben, auseinanderzuhalten, wie z.B. D und B oder b und d.

Optisches Gedächtnis

Das optische Gedächtnis trägt dazu bei, sich z.B. Wortbilder zu merken und immer wieder abrufen zu können. Man bemerkt auch, dass beim Lesen die Zeile verloren wird oder Textstellen nicht mehr gefunden werden können.

Optische Serialität

Durch die optische Serialität weiß man, welcher Buchstabe in einem Wort nach dem anderen kommt.

Oft ergibt sich für das legasthene Kind auch in der Akustik eine ähnliche Problematik. Auffällig ist die generelle Ablenkbarkeit, wenn man mit ihm spricht oder wenn es zuhören soll. Es kann zwischen ähnlichen und gleichen Wörtern nicht unterscheiden. Das Kind hört manche Laute überhaupt nicht. Auch das Merken des Gehörten gelingt nicht immer.

Akustische Differenzierung

Die akustische Differenzierung ist die Leistung, aus dem Gehörten bestimmte Wörter heraushören zu können oder ähnliche Wörter unterscheiden zu können wie z.B. Sand und Rand.

Akustisches Gedächtnis

Als akustisches Gedächtnis bezeichnet man die Fertigkeit, sich Gehörtes auch zu merken. Leider ist in den letzten Jahrzehnten das Auswendiglernen sehr stark vernachlässigt worden. Die Technik des Auswendiglernens kann aber Kindern mit Problemen im akustischen Gedächtnis sehr hilfreich sein.

Akustische Serialität

In einem Satz zu hören, welches Wort zuerst gesprochen wurde, nennt man die akustische Serialität.

Raumorientierung und Körperschema

Als nächste Sinnesleistung wird von Thomas verlangt, dass er genau weiß, wo er im Heft zu schreiben beginnt oder wie viel er noch in die bereits ziemlich volle Zeile schreiben kann. Ungleiche Zeilenabstände oder das Verlieren der Zeile sind nicht erwünscht.

Beim Lesen fallen Kinder mit Raumlageproblemen besonders durch sehr langsames, unsicheres Lesen auf. Diese Leistungen hängen mit der Raumwahrnehmung zusammen. Hier unterscheidet man die Raumorientierung und das Körperschema. Das ganze Raum- und Zeitgefüge fällt hier hinein. Diese Kinder können ihre Position im Raum nicht richtig einschätzen. Sie haben oftmals ein sehr schlechtes Zeitgefühl und ein geringes Orientierungsvermögen. Die Kinder finden sich in Gebäuden oder unbekanntem Gelände sehr schlecht zurecht. Ihre Handlungsplanung ist unsicher, oft sogar ungeschickt. Sie haben ihre eigene Ordnung, mit der nur sie zurechtkommen können. Sie bringen Eltern damit mitunter zur Verzweiflung. Auch ihr Bewegungsablauf ist auffällig, was sich besonders bei Bewegungsspielen zeigt. Das Radfahren oder Schwimmen macht ihnen große Mühe, auch das Anziehen. Distanzen, Größen oder Einheiten sind für sie nichts Greifbares. Gelingt die Einschätzung am eigenen Körper nicht und ist eine Rechts-Links-Verwechslung zu bemerken, so ist das Körperschema anders ausgeprägt als bei nicht legasthenen Menschen. Durch viele „altmodische" Spiele wie einfache Sandkastenspiele, die die Kinder heute überhaupt nicht mehr spielen, wurden früher nicht nur diese Defizite stark reduziert, sondern auch alle anderen Sinneswahrnehmungen trainiert.

Eine weitere Leistung, die Thomas nun erbringen muss, ist die Schreibmotorik, damit auch zu erkennen ist, was er vom Gehörten in Geschriebenes umgesetzt hat.

So gut wie nie kommt es vor, dass alle Sinneswahrnehmungen beim legasthenen Kind different ausgeprägt und betroffen sind und dazu beitragen, dass das Kind beim Schreiben, Lesen oder Rechnen nicht die gewünschten Leistungen erbringt. Generell fallen Kinder mit differenten Sinneswahrnehmungen durch unreife Arbeitsweisen, verlangsamtes Reagieren, geringe Informationsverarbeitung, Ängstlichkeit und ein ständiges Unter-Druck-Stehen auf, obwohl gleichzeitig eine hohe Motivation zu spüren ist.

Um eine Verbesserung der differenten Sinneswahrnehmungen zu erzielen, muss zunächst durch eine genaue Diagnose und fortlaufende Beobachtung des Kindes abgeklärt werden, welche Teilleistungen besonders zu trainieren sind, denn bei jedem legasthenen Kind sind die Defizite in den einzelnen Funktionen sowohl in der Stärke als auch in der Kombination mit anderen Teilleistungen ganz unterschiedlich angelegt und ausgeprägt.

Nicht hinreichend ausgeprägte Wahrnehmungsleistungen im optischen und/oder akustischen Bereich sind jedoch relativ häufig anzutreffen. Da gerade sie den Lese-, Schreib- und Rechenprozess stark tangieren, muss das Übungsmaterial hier ganz besonders abwechslungsreich sein. Wie beim Aufmerksamkeitstraining so ist auch beim Funktionstraining darauf zu achten, dass konsequent unterschiedliche Übungen zu den einzelnen Teilleistungen mit und ohne Symbolik durchgeführt werden. Übungen mit und ohne Symbole können ruhig gleichzeitig durchgeführt werden.

Das Funktionstraining stellt natürlich in der gesamten AFS-Methode einen wichtigen Teil dar. Nur wenn in diesem Bereich wesentliche Veränderungen eintreten, dass Kind lernt genau hinzusehen, hinzuhören und sich im Raum zurechtzufinden, sind Fortschritte und Erfolgserlebnisse für das legasthene Kind im Schreiben, Lesen und Rechnen möglich.

Auch hier gilt das Gleiche wie für das Aufmerksamkeitstraining. Die Übungen müssen genau auf die Bedürfnisse des jeweiligen Kindes abgestimmt sein! Der Grundstein wird hierbei mit dem AFS-Testverfahren gelegt, anschließend muss eine genaue Beobachtung der Fortschritte, welche das Kind in jedem Bereich macht, stattfinden. Den Grundsatz »Probieren geht über Studieren« dürfen Sie hier zur Anwendung bringen. Tatsächlich muss auch der beste und erfahrenste Legasthenietrainer vorerst immer die individuellen Bedürfnisse jedes legasthenen Kindes durchschauen. Dies kann und soll in Ruhe passieren, ja nicht unter Druck.

Ein speziell für das Heimtraining, das von Eltern oder anderen Personen im Umfeld des Kindes durchgeführt werden sollte, entwickeltes

„Easy Training Set Plus" bringt bei regelmäßiger Anwendung, auch wenn es nur zehn Minuten pro Tag sind, ansehnliche Erfolge. Vorraussetzung ist natürlich eine vorhergehende Abklärung der individuellen Probleme des Kindes sowie ein individuell auf das Kind abgestimmter Trainingsplan, welcher von einem Spezialisten nach dem AFS-Testverfahren erstellt wird. Das „Easy Training Set Plus" kann nicht nur alleine, sondern auch zusätzlich zu einem individuellen, durch einen Spezialisten durchgeführten Training verwendet werden. Wird das Kind von einem Spezialisten, beispielsweise einmal pro Woche intensiv trainiert und durch Eltern mit dem „Easy Training Set Plus" täglich zehn bis fünfzehn Minuten, so stellt sich natürlich ein Erfolg schneller ein.
www.easy-training-set.com

Im angeschlossenen Übungsteil finden Sie zahlreiche Übungen verschiedener Schwierigkeitsstufen für ein erfolgreiches Legasthenie-training. Wichtig ist auch, dass allen Beteiligten, den Eltern, Lehrern, dem gesamten Umfeld eben, und dem Betroffenen selbst absolut bewusst ist, dass ein Training, nicht nur an der Steuerung der Gedanken, sondern auch an den Sinneswahrnehmungen, den Funktionen, von längerer Dauer sein muss. Eine Verbesserung, die bis zur Automatisierung, speziell im Aufmerksamkeitsbereich, führen soll, tritt erst nach sehr intensiver und ausdauernder Übung ein!

Das Symptomtraining

Vom Buchstaben zum Wort

Das ABC-Training

Das Erlernen der Buchstaben ist für ein nichtbetroffenes Kind keine besondere Leistung und wird auch in den ersten Monaten der Schulzeit mehr oder weniger gut gemeistert. Das trifft auf das legasthene Kind nicht zu. Diese Leistungen auf herkömmliche Art zu erbringen, stellen es manchmal vor schier unüberwindliche Probleme. Hilfe tut Not! Je früher diese Hilfe einsetzt, desto schneller wird der Erlernprozess vor sich gehen.

Das ABC, also die Buchstabensymbolik zu erlernen, ist der Grundstein, um Wörter erlernen zu können, die dann zu Sätzen verbunden werden. Leider wird gerade der schwierige Prozess des Buchstaben- und Zahlenerlernens beim legasthenen Kind oft völlig unterschätzt. Es ist leider unmöglich, ohne dass diese Zeichen sehr vertiefend erlernt wurden, dem legasthenen Kind Wortbilder oder Rechenoperationen beizubringen. Es ist bekannt, dass Legastheniker zwei volle Jahre an Zeit benötigen, um eine Art der Buchstaben zu erlernen. Von Vorteil ist es, mit den Druckbuchstaben zu beginnen. Das mag für den Laien sehr überspitzt klingen, doch entspricht es leider den Tatsachen. Wird dieser Anforderung nicht Rechnung getragen, so beginnen die Probleme.

Im Schulbetrieb kann der Klassenlehrer dieser Forderung natürlich nicht alleine nachkommen. Es wäre unsinnig, dies zu verlangen, ohne den Lehrer permanent zu überfordern. Deshalb ist es so wichtig, dass Eltern selbst mitwirken, um ihren legasthenen Kindern zu helfen. Natürlich ist es auch jederzeit legitim, Hilfe durch Spezialisten, ob in der Schule oder im außerschulischen Bereich, beizuziehen.

Die österreichische Schulschrift

A B C D E F G H I J K L M N O P Qu R S T U V W X Y Z

a b c d e f g h i j k l m n o p qu r s t u v w x y z

ß ä ö ü

1 2 3 4 5 6 7 8 9 0

. ! ? , ; - : „ "

A B C D E F G H I J K L M N O P Q R S T U V W X Y Z

a b c d e f g h i j k l m n o p q r s t u v w x y z

ß ä ö ü

1 2 3 4 5 6 7 8 9 0

. ! ? , ; - : „ "

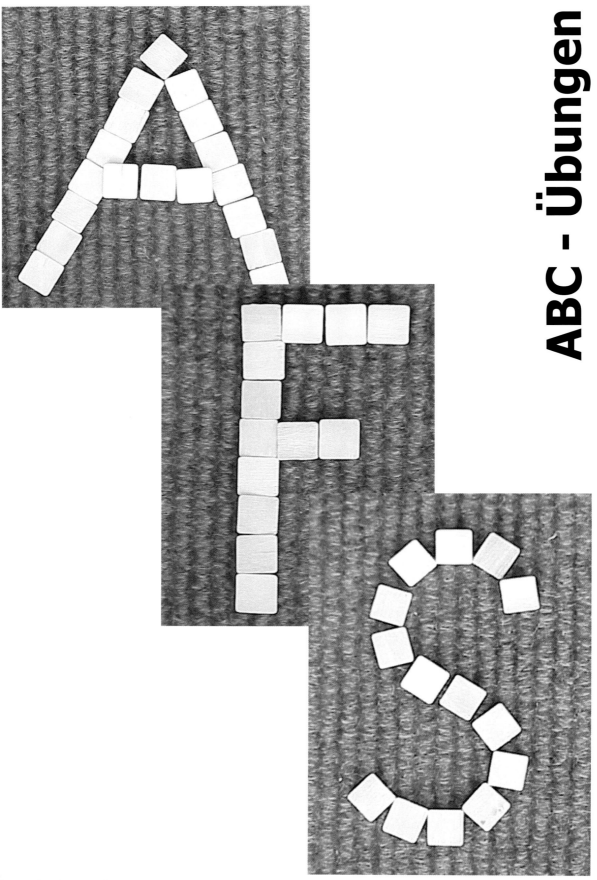

 Buchstaben, Zahlen und Satzzeichen vertiefend zu erlernen, ist eine weitere Grundanforderung in der AFS-Methode!

Es hat sich gezeigt, dass es oft zu Beginn eines Legasthenietrainings unbedingt notwendig ist, das Alphabet nochmals von Grund auf zu erlernen. Zumal ist zu beobachten, dass schon durchaus Kinder einer höheren Grundschulstufe noch Schwierigkeiten mit der Grundkenntnis von Buchstabensymbolen haben und sich deshalb Probleme ergeben. Da die ausreichende Kenntnis der Buchstaben die Grundlage für eine erfolgreiches Schreiben und Lesen darstellt, sollte der Spezialist nicht davor scheuen, dies auch tatsächlich intensivst ins Trainingsprogramm aufzunehmen. Dabei sollen aber nicht alle Buchstaben auf einmal durchgenommen werden, sondern angepasst an die anderen Elemente des Legasthenietrainings.

Nochmals soll erwähnt werden, dass man dem Kind erklären muss warum es so wichtig ist, dass man die Buchstabensymbole ausreichend kennt. Nur nach einem erfolgten Training an den Symbolen soll auf die Konstruktion von Wortbildern übergegangen werden.

Verschiedene Hilfsmittel, mit denen man Buchstaben erlernen kann:

Es macht den Kindern - auch noch den älteren, bei denen man es gar nicht mehr vermuten würde - besonderen Spaß, Buchstaben oder Zahlen dreidimensional zu erleben. Dafür kann man viele verschiedene Materialien verwenden. Wichtig ist es, darauf zu achten, dass diese Materialien für das legasthene Kind immer nur einfärbig angeboten werden, da Farben die Aufmerksamkeit des Kindes zu stark binden.

Wichtig also: Die Materialien sollen einfärbig sein!

- Knetmasse
- Ton
- Teig
- Schnüre
- Schaumstoff
- Moosgummi
- Pfeifenputzer
- Wollfäden
- Filz
- Karton (dick)
- Seidenpapier (geknüllt)
- Holz
- Plastik
- Draht
- Sandpapier
- Schlagschaum aus der Spraydose
- Sand (in den Sand schreiben oder mit nassem Sand bauen)

Rezept für einen Salzteig

Zutaten: 1 Tasse Salz
           2 Tassen Mehl
           1 Tasse Wasser

Salz und Mehl werden unter Zugabe von Wasser zu einem festen und formbaren Teig geknetet. Wer einen farbigen Teig haben will, kann Lebensmittelfarbe hinzufügen. Bei etwa 150 Grad zirka 45 Minuten backen. Nach dem Abkühlen kann man den Teig mit Wasserfarben bemalen. Noch mehr Festigkeit erzielt man, wenn der Teig anschließend farblos lackiert wird.

ABC-Übungen

- Lassen sie das Kind aus verschiedenen Materialien den zu erlernenden Buchstaben herstellen. Verschiedene Materialien sollen dabei zur Verfügung stehen. Durch das Formen bekommt das Kind ein Gefühl für das Symbol. Die Wichtigkeit dieses Gefühls darf man nicht unterschätzen. Es ist ein völlig anderes Gefühl, als wenn das Symbol nur ab- oder nachgeschrieben wird. Das Symbol soll während der gesamten Übungseinheit im Gesichtsfeld des Kindes sein.

- Regen sie das Kind dazu an, das Symbol in der Hand zu drehen und sehr intensiv zu betrachten.

- Das Kind soll das Symbol benennen.

- Der Trainer soll das Symbol benennen.

- Verschiedene Wörter, die mit diesem Buchstaben beginnen, werden gesucht.

- Verschiedene Wörter, die mit dem Buchstaben enden, werden gesucht.

- Verschiedene Wörter, die diesen Buchstaben enthalten, werden gesucht.

- Verschiedene Zahlenkombinationen, die eine bestimmte Zahl enthalten, werden gesucht.

- Beim fortgeschrittenen Üben des Alphabets kann man die Nachbarn des Buchstaben benennen.

- Man kann einen Riesenbuchstaben auf Packpapier malen.

- Das Kind kann den Buchstaben mit vielen verschiedenen Farben nachmalen.

- Man kann einen Riesenbuchstaben auf den Boden malen.

- Das Kind kann mit den Fingern der Buchstabengestalt nachfahren.

- Das Kind kann mit verschiedenen Farben (z.B. Kreide) den Buchstaben nachmalen.

- Man kann den Buchstaben, wenn er groß genug ist, nachgehen.

- Man kann Buchstaben oder Zahlen in die Luft malen.

- Man kann Buchstaben oder Zahlen in die Hand oder auf den Rücken des Kindes schreiben.

- Man kann Buchstaben aus Bauklötzen oder Legosteinen legen.

- Man kann Buchstaben stempeln.

- Man kann Buchstaben auf der Schreibmaschine schreiben.

- Man kann Buchstaben am Computer in verschiedenen Größen und Schriften schreiben.

- Man kann dreidimensionale Buchstaben am Computer schreiben.

- Man kann Buchstaben mit Handzeichen lernen.

Die kleine Lautlehre

Laute sind etwas ganz anderes als Buchstaben.

Selbstlaute

- Im Alphabet findet man sogenannte Selbstlaute (Vokale), weil sie nur alleine lauten:
  a (ä), e, i, o (ö), u (ü)

Mitlaute

- Die verbleibenden Laute sind Mitlaute (Konsonanten), sie lauten immer auf zwei Buchstaben:
  b(be), c(ce), d(de), f(ef), g(ge), h(ha), j(je), k(ka), l(el), m(em), n(en), p(pe), qu(quwe), r(er), s(es), t(te), v(vau), w(we), x(ix), y(ypsilon), z(zet)
  Um das Alphabet zu komplettieren, ist das ß hinzuzufügen.

Zwielaute

- Es gibt auch Zwielaute, sie bestehen aus zwei Selbstlauten:
  ai, au, äu, ei, eu - Kaiser, Haus, Bäume, Reise, Feuer

Wörter bestehen nicht nur aus Buchstaben, sondern auch aus Silben. Man kann Wörter in Silben teilen.

Silben - Sprechsilben: Blu/men/topf/er/de
Vorsilben: ver-, vor-, her- etc.
Nachsilben: -ung, -nis, -heit, -keit, -schaft, -lich etc.

Die Wortarten

Drei wichtige Wortarten sind:

- Namenwort - Hauptwort - Substantiv - Nomen
- Tunwort - Zeitwort - Verb
- Wiewort - Eigenschaftswort - Adjektiv

Das Namenwort

- Das Namenwort schreibt man immer groß!
    Tisch
    Auto
    Hund

    Übung: Wörter suchen, die gegenständlich sind.

- Man kann nicht alle Namenwörter angreifen!
    Himmel
    Luft
    Friede

    Übung: Wörter suchen, die nicht gegenständlich sind.

- Auch ein Tunwort kann zu einem Namenwort werden, dann wird dieses auch großgeschrieben: das Lesen.
  Zum Unterschied: Die Kinder lesen eine Geschichte.

- Steht ein »vom - zum - beim« vor dem Tunwort, so schreibt man dieses auch groß:
    Vom (von dem) Lesen bin ich müde.
    Zum (zu dem) Lesen braucht man Licht.

Beim (bei dem) Radfahren muss man aufpassen.

Übung: Wörter suchen, die zu Namenwörtern werden.

- Auch Wiewörter können zu Namenwörtern werden.
  Meine Kleine hat heute Geburtstag.
  Zum Unterschied: Meine kleine Tochter hat heute Geburtstag.

  Übung: Wiewörter suchen, die zu Namenwörtern geworden sind.

- Beim Namenwort kann ein Begleiter stehen, daran kann man auch das Geschlecht des Wortes erkennen:
  der (männlich) Mann
  die (weiblich) Frau
  das (sächlich) Kind

  der große Baum
  Der Begleiter, man nennt ihn auch bestimmten Artikel, gehört zum Baum, ein Wiewort wurde eingeschoben.

  Übung: Wörter suchen, die einen männlichen/weiblichen/ sächlichen Begleiter haben.

- Ein Namenwort kann auch einen unbestimmten Artikel als Begleiter haben:
  ein Hund
  eine Wand

  Übung: Such Namenwörter und setz einen unbestimmten Artikel davor.

- Das Namenwort hat meist eine Einzahl und eine Mehrzahl:
  das Haus - die Häuser

- Es gibt aber auch Namenwörter, die keine Mehrzahl haben:
  Milch
  Butter

  Übung: Ein Wort wird vorgegeben, das Kind bildet die Mehrzahl.
  Zu einem Mehrzahlwort wird die Einzahl gebildet.

- Mehrere Namenwörter ergeben zusammengesetzte Wörter.
  Länder und Spiel = Länderspiel
  Auto und Reifen = Autoreifen
  Milch und Brot = Milchbrot

  Übung: Ein Wort wird vorgegeben, das Kind soll ein zweites dazu finden, sodass ein zusammengesetztes Wort entsteht.

- Auch aus Namenwörtern und Wiewörtern kann man zusammengesetzte Namenwörter machen:
  riesige Schlange = Riesenschlange
  roter Wein = Rotwein

- Auch aus Namenwörtern und Tunwörtern kann man zusammengesetzte Wörter machen:
  Drehtüre, Schreibheft

  Übung: Such Wörter, die aus Namenwörtern/Wiewörtern und Namenwörtern/Tunwörtern zusammengesetzt sind.

- Wenn ein Wort auf -ung, -nis, -heit und -keit endet, schreibt man es groß. Sowohl aus Tunwörtern als auch aus Wiewörtern können so Namenwörter entstehen.
  Einladung = einladen
  Geheimnis = geheim

Krankheit = krank

Müdigkeit = müde

Übung: Such Tunwörter und Wiewörter, die durch diese Endsilben zu Namenwörtern werden.

- Für Namenwörter kann man manchmal auch Oberbegriffe finden: Kuh - Schwein - Pferd - Ziege = Haustiere

  Übung: Mehrere Worte werden vorgesprochen, das Kind soll den Überbegriff dazu finden.

- Das Namenwort kann man in verschiedene Fälle setzen:

  1. Fall/Wer-Fall (Nominativ): *Einzahl:*   der (ein) Schrank
  Mehrzahl: die Schränke
  2. Fall/Wessen-Fall (Genitiv): *Einzahl:*   des (eines) Schrankes
  Mehrzahl: der Schränke
  3. Fall/Wem-Fall (Dativ): *Einzahl:*   dem (einem) Schrank
  Mehrzahl: den Schränken
  4. Fall/Wen-Fall (Akkusativ): *Einzahl:*   den (einen) Schrank
  Mehrzahl: die Schränke

- Die Beugung nach Fällen nennt man Deklination.

- Um den jeweiligen Fall eines Hauptwortes zu bestimmen, gibt es zwei Methoden: die Fragemethode und die Ersatzprobe.

  1. Fall = Wer oder was?
  2. Fall = Wessen?
  3. Fall = Wem?
  4. Fall = Wen oder was?

Mit dem Fragewort „Was" kann man nach dem 1. Fall und 4. Fall fragen, deshalb muss man eine Ersatzprobe machen.

Beispiel: Annies Vater gibt der Frau einen Sack in die Hand.
- Wer gibt der Frau einen Sack in die Hand? = 1. Fall
<u>Annies Vater</u> gibt der Frau einen Sack in die Hand.
- Wessen Vater gibt der Frau einen Sack in die Hand? = 2. Fall
<u>Annies</u> Vater gibt der Frau einen Sack in die Hand.
- Wem gibt der Vater einen Sack in die Hand? = 3. Fall
Annies Vater gibt <u>der Frau</u> einen Sack in die Hand.
- Was gibt der Vater der Frau in die Hand? = 4. Fall
Annies Vater gibt der Frau <u>einen Sack</u> in die Hand.

Bei der Ersatzprobe ersetzt man das Hauptwort, dessen Fall bestimmt werden soll, durch ein männliches Hauptwort in der Einzahl und den dazugehörigen Artikel. An der Endung des eingesetzten Artikels kann man dann den ermittelten Fall erkennen.

Beispiel: Annies Vater gibt der Frau einen Sack in die Hand.
Wer gibt der Frau einen Sack in die Hand? 1. Fall
„<u>Der</u> Mann" gibt der Frau einen Sack in die Hand. 1. Fall
Was gibt Annies Vater der Frau in die Hand? 4. Fall
Annies Vater gibt der Frau <u>den</u> Sack in die Hand. 4. Fall

Um den 3. Fall oder den 4. Fall zu bestimmen, kann man statt des Wortes und des dazugehörenden Artikels, die im 3. oder 4. Fall stehen, mir (3. Fall)/mich (4. Fall) oder dir (3. Fall)/dich (4. Fall) setzen.

Beispiel:
Ich gebe meiner Freundin einen Apfel.
Wem gebe ich einen Apfel? 3. Fall
Ich gebe dir einen Apfel. 3. Fall

Ich grüße meine Freundin.
Wen oder was grüße ich? 4. Fall
Ich grüße dich. 4. Fall

Übung: Ein Satz wird vorgegeben. Der Trainer stellt eine Frage und das Kind soll den Fall feststellen.

Das Tunwort

- Tunwörter dienen dazu, eine Tätigkeit, einen Vorgang oder einen Zustand zu bezeichnen.

    Tätigkeitsverben:
    kaufen, schreiben, arbeiten, schwimmen, rechnen
    Vorgangsverben:
    fallen, steigen, ertrinken, sinken, ermüden
    Zustandsverben:
    sein, liegen, besitzen, wissen, schlafen

- Es gibt die Grundform des Tunwortes: Nennform oder Infinitiv, sie enden meist auf „-en".
    lesen
    schreiben
    gehen
    fragen

- Das Tunwort kann man in verschiedene Personen setzen:

Einzahl:	*Mehrzahl:*
ich frage	wir fragen
du fragst	ihr fragt
er/sie/es fragt	sie fragen

Übung: Beispielsätze werden vorgesprochen, dann wird die Person bestimmt.

- Das Tunwort kann man in verschiedene Zeiten setzen:

<u>Gegenwart:</u>	ich frage
<u>Mitvergangenheit:</u>	ich fragte
<u>Vergangenheit:</u>	ich habe gefragt
<u>Vorvergangenheit:</u>	ich hatte gefragt
<u>Zukunft:</u>	ich werde fragen
<u>Vorzukunft:</u>	ich werde gefragt haben

Übung: Verschiedene Tunwörter werden in alle Zeiten gesetzt. Anschließend werden die Tunwörter in alle Personen und Zeiten gesetzt.

- Drei bestimmte Tunwörter nennt man Hilfsverben, sie helfen auch, die verschiedenen Zeiten zu bilden:

<u>haben</u>	<u>sein</u>	<u>werden</u>
Einzahl:	*Einzahl:*	*Einzahl:*
ich habe	ich bin	ich werde
du hast	du bist	du wirst
er/sie/es hat	er/sie/es ist	er/sie/es wird
Mehrzahl:	*Mehrzahl:*	*Mehrzahl:*
wir haben	wir sind	wir werden
ihr habt	ihr seid	ihr werdet
sie haben	sie sind	sie werden

Übung: Wir bilden Sätze mit den Hilfsverben.

- Tunwörter kann man auch zusammensetzen, man schreibt sie aber dennoch getrennt:

    kennen und lernen = kennen lernen

    sitzen und bleiben = sitzen bleiben

    schenken und lassen = schenken lassen

    Übung: Wir suchen nach solchen Zusammensetzungen.

- Tunwörter kann man in eine Befehlsform setzen:

    werfen - wirf

    geben - gib

    lesen - lies

    Übung: Wir suchen nach Tunwörtern, und setzen sie in die Befehlsform.

Das Wiewort

- Das Wiewort gibt die Eigenschaft einer Person oder Sache an:

    schön

    groß

    neu

    alt

    leise

    schwer

- Das Wiewort kann man steigern:

    groß - größer - am größten

    lang - länger - am längsten

    schief - schiefer - am schiefsten

Übung: Such nach Wiewörtern und steiger sie.

- Es gibt auch Wiewörter, die man nicht steigern kann:
  tot, leer, lebendig etc.

- Manche Wiewörter haben ein Gegenteil:
  groß - klein
  schmal - breit
  sauber - schmutzig

  Übung: Such Wiewörter mit dem dazugehörigen Gegenteil.

- Mit -ig, -isch, -lich kann man Wiewörter bilden:
  eisig
  stürmisch
  kleinlich

  Übung: Finde weitere Wörter mit -ig, -isch und/oder -lich.

- Man kann das Wiewort auch in verschiedene Fälle setzen:

  1. Fall: Das „neue" Auto ist blau.
  2. Fall: Die Farbe des „neuen" Autos ist blau.
  3. Fall: Ich komme mit dem „neuen" Auto.
  4. Fall: Ich fahre das „neue" Auto.

  Übung: Setz Wiewörter in die verschiedenen Fälle.

- Wiewörter und Namenwörter kann man zusammensetzen. Die Zusammensetzungen als Wiewörter werden kleingeschrieben:
  Zucker und süß = zuckersüß
  Knall und gelb = knallgelb
  Feder und leicht = federleicht

Übung: Such Wiewörter, die aus Wie- und Namenwörtern zusammmengesetzt sind.

- Gleiches vergleicht man mit „wie". Ungleiches vergleicht man mit „als":

  Sie ist so schlau wie er.

  Sie ist schlauer als er.

  Übung: Verwende „wie" und „als" richtig!

- Hinweis: Wiewörter können auch als Umstandswörter verwendet werden. Siehe auch Kapitel „Vom Wort zum Satz".

Der Begleiter oder Artikel

- Es gibt zwei Arten von Wörtern, die das Namenwort begleiten:

  der bestimmte Artikel: der - die - das
  > *Beispiele:*   der Fahrer
  > die Mutter
  > das Haus

  der unbestimmte Artikel: ein - eine - ein
  > *Beispiele:*   ein Fahrer
  > eine Mutter
  > ein Haus

  Übung: Finde zu verschiedenen Namenwörtern den bestimmten und den unbestimmten Artikel.

Das Fürwort

- Es gibt sieben verschiedene Arten von Fürwörtern:

persönliches Fürwort: ich, du, er, sie, es, wir, ihr, sie
Beispiel: Ich gehe in die Schule.

hinweisendes Fürwort: diese, jene, solche, dasjenige etc.
Beispiel: Jene Frau, die dort sitzt, kenne ich.

besitzanzeigendes Fürwort: mein, dein, sein, unser, euer, ihr
Beispiel: Heute ist mein Geburtstag.

fragendes Fürwort: wer, welcher, was für ein etc.
Beispiel: Welcher Tag ist heute?

bezügliches Fürwort: der - die - das
welcher - welche - welches
wer - was
Beispiel: Den (Wortbegleiter) Mann, „der" an der Ecke dort steht, kenne ich.

rückbezügliches Fürwort: sich, mir, mich, dich, euch, uns, dir etc.
Achtung: Das rückbezügliche Fürwort bezieht sich immer auf den Träger des Geschehens, also auf den Satzgegenstand.
Beispiel: Ich erinnere mich gerne an diesen Tag zurück.

unbestimmtes Fürwort: etwas, nichts, alle, jeder, keiner etc.
Beispiel: Kann ich noch etwas Tee haben?

Übung: Bilde mit den verschiedenen Arten von Fürwörtern Sätze.

Das Zahlwort

- Es gibt zwei Arten:

  <u>bestimmtes Zahlwort</u>:   eins, zwei, zehn, hundert etc.

  <u>unbestimmtes Zahlwort</u>:   einzelne, sonstige, unzählige etc.

  Übung: Bilde mit verschiedenen bestimmten und unbestimmten Zahlwörtern Sätze.

Das Verhältniswort

- Es gibt verschiedene Verhältniswörter:

  <u>Den Ort kennzeichnende Verhältniswörter</u>:
  ab, abseits, an, auf, aus, außer, außerhalb, bei, bis, diesseits, durch, entlang, fern, gegen, gegenüber, hinter, in, inmitten, innerhalb, jenseits, längs, nach, nächst, nahe, neben, nördlich, oberhalb, östlich, seitlich, südlich, über, um, unfern, unter, unterhalb, unweit, von, vor, westlich, zu, zunächst, zwischen etc.

  <u>Die Zeit kennzeichnende Verhältniswörter</u>:
  ab, an, auf, aus, außerhalb, bei, binnen, bis, für, gegen, in, innerhalb, mit, nach, seit, über, um, unter, von, vor, während, zeit, um, zwischen etc.

  <u>Die Art und Weise kennzeichnende Verhältniswörter</u>:
  abzüglich, auf, aus, ausschließlich, außer, bei, bis an, bis zu, einschließlich, entgegen, für gegen, gegenüber, in, mit, ohne, statt, unter, von, wider, zu, zuwider, zuzüglich etc.

Den Grund kennzeichnende Verhältniswörter:
angesichts, anlässlich, auf, aufgrund (auf Grund), aus, bei, betreffs, bezüglich, dank, durch, für, gemäß, infolge, kraft, laut, mangels, mit, mittels, nach, seitens, trotz, über, um, um - willen, unbeschadet, ungeachtet, unter, von, vor, wegen, zu, zufolge etc.

- Verhältniswörter mit dem 2. Fall:
  außerhalb, dank, diesseits, innerhalb, jenseits, halber, laut, mangels, mittels, oberhalb, statt, trotz, um - willen, ungeachtet, unterhalb, unweit, während, wegen etc.

- Verhältniswörter mit dem 3. Fall:
  aus, außer, bei, entgegen, gegenüber, gemäß, mit, nach, nebst, samt, seit, von, zu etc.

- Verhältniswörter mit dem 4. Fall:
  durch, für, gegen, ohne, um etc.

- Verhältniswörter mit dem 3. oder 4. Fall:

  an
  3. Fall: Ich lehne an der Wand.
  4. Fall: Ich lehne mich an die Wand.

  auf
  3. Fall: Auf diesem Platz sitzt jemand.
  4. Fall: Du kannst dich auf den Platz dort setzen.

  hinter
  3. Fall: Er versteckt sich hinter dem Busch.
  4. Fall: Schau hinter den Busch.

neben

3. Fall: Mein Lieblingsplatz ist neben dem Kachelofen.

4. Fall: Stell das Fahrrad neben das andere.

in

3. Fall: Die Brieftasche ist in der Tasche.

4. Fall: Geh nicht in das kalte Wasser.

über

3. Fall: Der Oberarzt steht über dem Assistenzarzt.

4. Fall: Sie sprechen über dich.

unter

3. Fall: Ich sitze unter dem Baum.

4. Fall: Ich krieche unter den Busch.

vor

3. Fall: Vor dem Tisch steht ein Stuhl.

4. Fall: Stell die Schuhe vor die Tür.

zwischen

3. Fall: Zwischen den Bäumen wuchsen Blumen.

4. Fall: Fahren Sie bitte zwischen die beiden Autos.

Übung: Bilde mit den verschiedenen Verhältniswörtern Sätze.

Das Bindewort

- Bindewörter verbinden Satzteile oder Sätze miteinander.
  und, sowie, sowohl … als auch, nicht nur … sondern auch, weder … noch, oder, entweder … oder, beziehungsweise, aber, jedoch, sondern, denn, nämlich, schließlich etc.

Übung: Bilde mit den verschiedenen Bindewörtern Sätze.

Das Empfindungswort

- Empfindungswörter drücken Gefühls– oder Willensäußerungen aus: ah, oh, ei, pfui, hallo, hurra, muh, miau etc.

  Übung: Nenn noch einige solcher Empfindungswörter und bilde Sätze damit.

Die Worterarbeitung

Einen ganz wichtigen Teil der AFS-Methode stellt die Worterarbeitung dar. Die Erkenntnis, dass sich legasthene Kinder einzelne Wörter, die häufig benützt werden, oft sehr schlecht merken können, hat dazu geführt, Überlegungen anzustellen, wie diese Wörter in das Langzeitgedächtnis des Legasthenikers befördert werden können.

Jeder, der mit legasthenen Menschen arbeitet, weiß, dass auch ein oftmaliges Schreiben oder Lesen eines Wortes nicht dazu führt, dass ein langfristiges Merken stattfindet. Dieses Nicht– oder nur Zeitweisemerken sogenannter „leichter Wörter" führt manchmal dazu, dass legasthene Menschen als denkfaul oder dumm bezeichnet werden. Es ist ja auch für einen Laien wirklich nicht verständlich, warum manchmal Wörter gekonnt werden und dieselben, sogar kurze Zeit später, nicht mehr korrekt wiedergegeben werden können. Für Spezialisten ist dieses Phänomen nicht unverständlich. Damit es aber zu dieser Erscheinungsform nicht mehr kommt, muss lange daran gearbeitet werden, Wörter im Langzeitgedächtnis abzuspeichern.

Werden jedoch gewisse Richtlinien befolgt, so stellt sich heraus, dass auch dieses Problem des legasthenen Menschen gelöst werden kann. Es wurde versucht, eine Liste von sogenannten „leichten Wörtern" (siehe Übungsteil) zusammenzustellen, welche die Wörter enthält, die häufig vom Nichtmerken betroffen sind. Meist sind es natürlich nicht alle diese Wörter, sie können beim jeweiligen Kind sehr unterschiedlich sein. Deshalb ist eine sogenannte „persönliche Fehlerliste" (siehe Übungsteil) ein wichtiger Grundstein für die erfolgreiche Erarbeitung und Schließung der Wissenslücken. Es hat sich gezeigt, dass die Anzahl der Wörter, die von diesem Nichtmerken betroffen sind, entgegen den Befürchtungen vieler Eltern, durchaus nicht ins Unendliche geht. Ein Erarbeiten von 50 bis 100 Wörtern bedeutet oft schon einen enormen Fortschritt für das legasthene Kind.

Die AFS-Methode schreibt genaue Schritte der Worterarbeitung vor. Diese Schritte sollten unbedingt befolgt werden und es sollte kein Teilschritt ausgelassen werden.

1. Schritt: Die Erarbeitung des Wortbildes
2. Schritt: Die Erarbeitung des Wortklanges
3. Schritt: Die Erarbeitung der Wortbedeutung

Beispiel: G I B T

Das Wortbild

- Die dreidimensionale Darstellung des Wortbildes ist ein weiterer Grundsatz der AFS-Methode!
- Das Wort „gibt" besteht aus 4 Buchstaben - g i b t.
- Genaues und intensives Betrachten des Wortbildes
- Das Wortbild wird mehrmals auseinandergenommen und wieder zusammengestellt.

- Mit geschlossenen Augen erfolgt die Vorstellung des Wortes.
- Mit geschlossenen Augen wird das Wort ertastet .
- Darstellung des Wortes durch Lautgebärden
- Darstellung des Wortes durch Nachzeichnen auf Packpapier oder auf einer Tafel
- Das Wort wird in die Luft geschrieben.
- Das Wort wird gestempelt.
- Das Wort wird am Computer in verschiedenen Größen und Schriftarten dargestellt.
- Die Buchstaben des Wortes werden in einem größeren Abstand aufgestellt, dann wird das Wort ganz langsam gesprochen, indem man auf jeden einzelnen Buchstaben zeigt. Übergang zum Wortklang!

Der Wortklang

- Das Wort wird genau betrachtet und deutlich vom Kind ausgesprochen.
- Das Wort wird vom Trainer deutlich ausgesprochen.
- Das Wort wird vom Kind und dann vom Trainer lautiert oder buchstabiert (bitte an die Technik, die in der Schule praktiziert wird, halten).
- Mit geschlossenen Augen erfolgt das Lautieren oder Buchstabieren.
- Das Wort wird geflüstert.
- Das Wort wird geschrien.
- Das Wort wird gesungen.
- Das Wort wird mit tiefer Stimme gesprochen.
- Das Wort wird mit hoher Stimme gesprochen.
- Das Wort wird in eine Röhre oder in ein Glas gesprochen.
- Das Wort wird lustig gesprochen.
- Das Wort wird traurig gesprochen.
- Das Wort wird abgebaut: gibt - gib - gi - g.
- Das Wort wird aufgebaut: g - gi - gib - gibt.

- Das Wort wird in Silben gesprochen (man kann dazu eventuell auch klatschen oder hüpfen).
- Ein Text wird vom Trainer vorgelesen und jedes Mal, wenn das Wort oder ein Wort aus der Wortfamilie vorkommt, gibt das Kind ein Zeichen.
- Das Wort wird mehrmals auf einen Tonträger gesprochen, lautiert, buchstabiert, silbiert, aufgebaut, abgebaut etc. und anschließend angehört.

Die Wortbedeutung

- Das Grundwort von gibt ist „geben".
- Das Wort „gibt" ist ein Tunwort.
- Das Wort „gibt" drückt die Gegenwart aus.
- Das Wort „gibt" wird mit er - sie - es (3. Person Einzahl) zusammen verwendet.
- Erarbeitung der Wortfamilie unter Mithilfe der dreidimensionalen Darstellung:

geben

gab

gegeben

gib

gibst

gibt

gabst

gaben

gebt

aufgeben

ausgeben

begeben

ergeben

mitgeben

umgeben

vergeben

vorgeben

wiedergeben

zugeben

Gabe

- Mindmapping zur Unterstützung bei der Erarbeitung der Wortfamilie
- Erarbeitung der Stammsilbe „geb"
- Erarbeitung der Wortbedeutung durch verschiedene Satzbeispiele
- Das Bild, welches in der Fantasie des Kindes entsteht, muss unmittelbar besprochen werden.
- Eine Zeichnung kann vom Bild angefertigt werden.
- Das Wort und die gesamte Wortfamilie wird in die Wortkartei (siehe Wortkartei) eingetragen.

Nachdem die Erarbeitung auf diese intensive Art und Weise geschehen ist, muss vom Trainer dafür gesorgt werden, dass der Übergang in die Phase des Schreibens dieses Wortes eintritt, d.h. das Kind soll dazu angeregt werden, das Wort und die Wortfamilie in angemessenen Abständen immer wieder zu wiederholen. Damit wird erreicht, dass das Wort ins Langzeitgedächtnis des legasthenen Kindes gelangt. Es kann dann bei Bedarf immer wieder korrekt und automatisch hervorgeholt werden.

Die Reihenfolge der verschiedenen Etappen der Worterarbeitung können beliebig vom Trainer variiert werden (siehe Übungsteil). Beginnen sollte diese aber unbedingt mit der Darstellung des Wortes in der dreidimensionalen Form!

Die Wörterkartei

Von großem Vorteil ist ein weiterer Schritt, welcher bei der Worterarbeitung hilfreich ist: die Wörterkartei.

Die Wörterkartei besteht aus einem Kästchen, dickeren einfarbigen Karten aus Karton oder Plastik für die Unterteilung und den dazugehörigen verschiedenfarbigen Karteikarten. Als Größe hat sich DIN A6 bewährt.

- Jede Wortart erhält eine bestimmte Farbe.
- Ein Fach bleibt leer. Hier werden die erarbeiteten Worte bzw. die Worte, die beherrscht werden, abgelegt. Das Fach trägt den Namen „Meisterfach".
- Das zu erlernende Wort wird korrekt und mit einem dicken Stift auf eine Karteikarte geschrieben.
- Das Wort wird ausgiebig, Buchstabe für Buchstabe, betrachtet.
- Das Wort wird lautiert oder buchstabiert.
- Dann wird die Karte umgedreht.
- Das Wort wird aufgeschrieben.
- Nun wird das Wort mit dem Wort auf der Karte verglichen.
- Ist es korrekt geschrieben, kommt es in das „Meisterfach".
- Beim nächsten Arbeiten mit der Wörterkartei werden einige Karten (2-5) aus dem Meisterfach gezogen.
- Dem Kind werden diese Worte angesagt, ohne dass sie nochmals vom Kind angeschaut werden.
- Die Wörter, welche korrekt geschrieben worden sind, verbleiben im „Meisterfach", die anderen wandern zurück in das für sie bestimmte Fach.
- Nun werden 2 - 5 neue Wörter und Wörter, die sich bereits in den anderen Karteifächern befinden, geübt.

Die Rechtschreibung

10 Prinzipien
für ein erfolgreiches Rechtschreibtraining

1. Motivation und Verantwortung

Der Lehrer soll den Schüler so weit motivieren, dass der Schüler die Bereitschaft zeigt, möglichst fehlerfrei schreiben zu können. Dem Schüler muss das Bewusstsein gegeben werden, dass das Schreiben eine selbstverständliche Sache in der zivilisierten Welt ist, die man beherrschen muss und die sich nicht umgehen lässt.

2. Zielorientierung

Das Ziel, nämlich das Rechtschreiben grundlegend zu erlernen, sollte nie aus den Augen gelassen werden.

3. Rechtschreibenlernen mit allen Kanälen

Nicht nur, aber speziell für legasthene Kinder ist es von Vorteil, wenn auch die Rechtschreibung über mehrere Kanäle erlernt wird.

4. Arbeit am Wortschatz

Der Schüler soll für den alltäglichen Gebrauch und für den Schulalltag eine Anzahl von Wörtern lernen.

5. Vertiefung des Regelwissens

Fehlerkategorien, welche gehäuft auftreten, sind bei legasthenen Kindern besonders in der Groß- und Kleinschreibung, der s-Schreibung, im Bereich der Dehnung und Schärfung zu finden. Deshalb sollen diese Bereiche immer wieder in ihrem Regelaufbau behandelt werden.

6. Fehler erkennen

Fehlerschwerpunkte müssen nicht nur erkannt, sondern auch individuell bearbeitet werden.

7. Vertiefung des Gelernten

Themen sollen nicht nur einmal behandelt, sondern oftmals wiederholt werden, damit eine gezielte Vertiefung gelingt.

8. Wörterbücher oder Nachschlagewerke

Die Arbeit mit diesen Hilfsmitteln ist eine grundlegende Anforderung und stellt im Sinne einer Fehlersensibilisierung eine unverzichtbare Arbeitstechnik dar.

9. Tägliches Schreiben

Es ist notwendig, dass man sich täglich, wenn auch nur für kurze Zeit, mit der Materie der Rechtschreibung beschäftigt.

10. Kontrolle

Eine ständige Kontrolle der Leistungen, durch einen Trainer oder durch die Eltern, ist eine Notwendigkeit, damit die Zielorientierung gegeben bleibt.

Die Dehnung

Der Bereich der Dehnung in der Rechtschreibung ist für legasthene Kinder ein besonders schwierig zu erlernendes Gebiet, nicht zuletzt auch deshalb, weil man keine Regeln hat bzw. Regelungen nur im Ansatz mit zahlreichen Ausnahmen aufstellen kann.

Das Dehnungs-h lässt einen Vokal (Selbstlaut: a, e, i, o, u) oder einen Umlaut (ä, ö, ü) lang klingen. Das h selbst hört man aber beim Sprechen nicht.

Damit man das h beim Schreiben nicht vergisst, gibt es Regeln:

- Vor l, m, n, r, das bedenke ja, erscheint sehr oft das Dehnungs-h.

  Beispiele: Mehl, nehmen, Sahne, fahren etc.
  Ausnahmen:
  >   bei Fremdwörtern: Crème, Klinik...
  >   bei sch und qu am Wortanfang: Qual, quer, schw etc...
  >   in den Nachsilben: -bar, -sam, -tum, -sal, z.B. heilsam, dankbar etc.

- Steht nur ein Konsonant (Mitlaut: b, c, d, f, g, h, j, k, l, m, n, p, qu, r, s, t, v, w, x, y, z) vor dem Vokal, dann folgt meist das Dehnungs-h.

  Beispiele:
  >   nach langem Vokal: bohren, mahnen, Fahne, Rohr etc.
  >   nach langem Umlaut: Zähne, Möhre, Mühle, Fähre etc.
  Ausnahme: Wörter, die mit t beginnen: Tal, Ton, toben, Tür etc.

- Stehen zwei oder drei Konsonanten am Wortanfang, dann folgt meist kein Dehnungs-h.

  Beispiele:
  >   nach langem Vokal: Strudel, Schal, schon etc.
  >   nach langem Umlaut: schön, trödeln, flöten etc.
  Ausnahme: Wörter mit st und pf am Anfang haben oft ein Dehnungs-h: stehlen, strahlen, Stuhl etc.

- Das h für die Silbentrennung:
  Für Wörter, die das h für die Silbentrennung brauchen, gelten die oben genannten Regeln nicht. Das silbentrennende h steht zwischen zwei Vokalen und ist bei deutlicher Aussprache zu hören.

Beispiele: Schuhe, sehen, gesehen, früher, beruhigt, ruhig etc.

Ausnahme: Das h fällt weg, wenn sich in der Vergangenheitsform ein anderer Konsonant zwischen die Vokale schiebt: ziehen - zog - gezogen

- Lange Vokale ohne Dehnungshilfen:

  Die Tatsache, dass die Dehnung durch den einfachen Vokal selbst dargestellt wird, macht es sehr schwer, Rechtschreibregeln für die Dehnung zu finden. Abhilfe kann nur ausgiebiges Trainieren schaffen!

  Beispiele:

  Wörter mit t am Anfang: Tatort, Tafel, Tor, tot etc.
  Wörter mit sch und qu: Schale, Schwur, quer etc.
  Fremdwörter: Maschine, Kino, Chor etc.
  und jede Menge andere Wörter: legen, holen, wir etc.

- Dehnung durch Verdoppelungen von a, e und o:

  Es gibt Wörter mit lang auszusprechenden Vokalen, die verdoppelt werden wollen.

  Beispiele: Boot, Seele, Haar etc.

- Umlaute ä, ö, und ü werden nie verdoppelt.

  Beispiele: wählen, üben, trösten, Kühle, Höhle, Säbel etc.
  Achtung bei Verkleinerungsformen: Boot - Bötchen
               Paar - Pärchen

- i und u:

  i wird mit e oder einfachem Vokal gedehnt: dir, Sieb etc.
  u wird mit h oder einfachem Vokal gedehnt: Flur, Stuhl etc.

- ei:

  Dem ei folgt manchmal ein silbentrennendes h: leihen, verzeihen, gedeihen, Weihe, Reihe etc.

- langes i mit Dehnungs-h:

  Mit ih schreibt man nur: ihm, ihn, ihnen, ihr, ihre, ihrem, ihren, ihrer, ihres!

- langes i ohne Dehnungszeichen:

  Langgesprochenes, einfaches i schreibt man:
  um Wörter zu unterscheiden: wider, Stil, Mine, Lid etc.
  (wieder, Stiel, Miene, Lied etc.)
  bei bestimmten Wörtern: wir, dir, mir etc.
  bei Endungen -ik, -iv, -in, -il, -ine: Musik, labil, aktiv etc.
  bei Fremdwörtern mit i in der Mitte: Fidel, Klima, Bibel etc.

- langes i mit Dehnungs-e:

  Wörter mit Endungen -ier und -ieren werden mit -ie geschrieben:
  Beispiele: studieren, musizieren, markieren, vier, frisieren, Klavier

  Wenn im Wortstamm -ie steht, so steht es meist auch in den abgeleiteten Wörtern:
  Beispiele: markieren - Markierung, vier - viertens etc.

  Konjugierte Formen bzw. Zeitformen einiger Verben haben ein -ie:
  Beispiele: halten - hielt, fallen - fiel, laufen - lief etc.

  Viele Fremdwörter enden auf -ie:
  Beispiele: Drogerie, Energie, Allergie, Melodie etc.

- ie mit h:

  Nach -ie folgt ein h, wenn es schon im Stammwort steht:
  Beispiele: flieht - fliehen, sieht - sehen, lieh - leihen etc.

  Nach -ie folgt manchmal ein silbentrennendes h:
  Beispiele: ziehen, fliehen, wiehern etc.

Die Schärfung

Was für die Dehnung in der Rechtschreibung gilt, das gilt für legasthene Kinder auch für die Schärfung!

- s - ss - ß

- Stimmhaftes s:
  Ein stimmhaftes s klingt sehr weich: sie, senden, weise, leise, Sahne, Sonne, Wesen, Läuse etc.

- Stimmloses s:
  Es wird scharf gesprochen, klingt hart und wird durch - s, - ss, - ß ausgedrückt: siehe neue Rechtschreibung.

- das oder dass:
  Statt „das" könnte man auch „dies", „dieses" oder „welches" sagen.
  > Das (dies) ist nicht wahr!
  > Das Auto, das (welches) vor der Türe steht, ist blau.

  „DASS" leitet immer einen Nebensatz ein.
  > Ich wusste, dass sie nicht kommen würde.
  > Er sagte, dass er das Auto kaufen möchte.

- Schärfung durch doppelte Konsonanten:
  Wenn nach einem kurzgesprochenen Vokal ein Konsonant folgt, wird dieser meist verdoppelt.

  Beispiele: Stall, Wall, Hütte, Gramm, Schall, Bann, Bett, Ratte etc.

- Doppelkonsonanten in Ableitungen:
  Hat der Wortstamm zwei gleiche Konsonanten, so haben dies auch die Wortzusammensetzungen und Wortableitungen.

  Beispiele:
  > sich sonnen - sie sonnte sich - die Sonne
  > retten - sie retten - die Rettung
  > kommen - du kommst - komm!

- Konsonanten ohne Verdoppelung:

Nach kurzem Vokal wird meist anstatt zz - tz geschrieben:

  Beispiele: Katze, Witze, Hitze, schwitzen, blitzen etc.
  Ausnahmen: nach l, m, n und r folgt nie tz, sondern z: Tanz, Kranz, Holz, ganz, Herz, Kerze, Pelz, Salz, scherzen etc.
  Ausnahmen bei Fremdwörtern: Skizze, Razzia, Pizza etc.

Anstelle von kk - schreibt man ck nach kurzem Vokal:

  Beispiele: Decke, Wecker, Brücke, Zucker, Ecke, keck, Stock etc.
  Ausnahmen: nach l, m, n, r, folgt kein ck, sondern ein k: melken, welken, winken, schminken, Stärke, Werk etc.
  Ausnahmen: Fremdwörter werden mit k oder kk geschrieben: Doktor, Schokolade, akut, Makkaroni, Akku, Akkusativ etc.

- kein Doppelkonsonant nach Kurzvokalen und Gleichlautung:
  Um gleich ausgesprochene Wörter zu unterscheiden, folgt nach einem kurzen Vokal ein einfacher Konsonant:

  Beispiele: ihr sollt - der Sold
  er fällt - das Feld
  er ballt - bald
  es hallt - Halt
  er gewinnt - der Wind

- Vor– und Nachsilben:
  Die Vorsilben er-, un-, ver-, zer- und die Nachsilben -in, -nis werden kurz gesprochen, haben aber nur einen Konsonanten:

  Beispiele: erkennen, unverschämt, Verteidigung, zerbrechen, Freundin, Ereignis, Zeugnis etc.
  Achtung: in der Mehrzahl verdoppeln sich die Konsonanten der Nachsilben: Freundinnen, Ergebnisse, Zeugnisse etc.

- Es gibt auch Dreifachkonsonanten (siehe neue Rechtschreibung).

- harte und weiche Konsonanten:

  Große Schwierigkeiten bereiten manchmal legasthenen Kindern:

  ### d/t   b/p   g/k   v/f

  Diesem Feld muss beim Legasthenietraining besonders große Beachtung geschenkt werden. Eine ständige Übung und Wiederholung ist wichtig, um einen dauerhaften Erfolg zu erzielen.

- Achtung! Diese Wörter hören sich gleich oder fast gleich an, werden aber anders geschrieben:

aß (essen)	Aas (verwestes Fleisch)
Ähre (Korn)	Ehre (Anerkennung, Würde)
ballt (ballen)	bald (ehest)
Bank (Geldinstitut)	bang (ängstlich)
Bann (Verlockung, Verbot)	Bahn (Eisenbahn)
Bären (Tiere)	Beeren (Obst)
bellen (kläffen)	Bällen (Ball)
Bett (Schlafstätte)	Beet (Blumenbeet)
bis (bisher)	biss (beißen)
bitten (ansprechen um)	bieten (anbieten)
Bote (Überbringer)	Boote (Wasserfahrzeug)
decken (belegen)	Degen (Waffe)
decke (decken)	Decke (Bedeckung)
denn (Bindewort)	den (Wortbegleiter)
denen (Fürwort)	dehnen (ausdehnen)
Ente (Tier)	Ende (Schluss)
fast (beinahe)	fasst (fassen)
fällt (fallen)	Feld (Anbaugebiet)
Ferse (Körperteil)	Verse (Gedicht)
fiel (fallen)	viel (mehr)
Finken (Vogelart)	fingen (fangen)
fort (weg)	Ford (Automarke)
füllen (einfüllen)	fühlen (empfinden)
für (Verhältniswort)	führ! (führen)
ganz (alles)	Gans (Tier)
Gramm (Maßeinheit)	Gram (Kummer)
hacken (auflockern)	Haken (Wandhaken)
hallt (hallen)	halt (halten)
hallt (hallen)	Halt (Stütze)
hast (haben)	hasst (hassen)

hast (haben)	Hast (Eile)
hassen (anfeinden)	Hasen (Tiere)
Häute (Leder)	heute (derzeit)
her (herkommen)	Heer (Militär)
Herr (Mann)	her (herkommen)
hol! (holen)	hohl (leer/dumpf)
Hölle (Ort der Verdammnis)	Höhle (Bauwerk)
Hütte (Behausung)	Hüte (Kopfbedeckungen)
Jacke (Kleidungsstück)	jage (jagen)
Kamm (Friseurwerkzeug)	kam (kommen)
kann (können)	Kahn (Wasserfahrzeug)
Kelle (Werkzeug)	Kehle (Halspartie)
Kern (Inneres)	gern (gernhaben)
Kinn (Gesichtspartie)	Kien (Kiefernholz)
Kränze (Kranz)	Grenze (Abgrenzung)
Krippe (Futterbehälter)	Grippe (Erkrankung)
Laib (Backwerk)	Leib (Körper)
Lamm (Tier)	lahm (gehbehindert)
lassen (erlassen)	lasen (lesen)
Last (Gewicht)	lasst (lassen)
lecken (befeuchten)	legen (niedertun)
Leere (Nichts)	Lehre (belehren)
leeren (ausschütten)	lehren (unterrichten)
Lerche (Vogel)	Lärche (Baum)
Leute (Menschen)	läute (klingeln)
Lid (Augenlid)	Lied (Melodie)
lies (lesen)	ließ (lassen)
Lippen (Körperteil)	lieben (gernhaben)
Mal (Zeichen)	Mahl (Essen)
malen (mit dem Pinsel)	mahlen (zerkleinern)
Mann (Herr)	man (Fürwort)
Meer (Ozean)	mehr (erhaben über)
mein (mir gehörend)	Main (Fluss)

Mitte (Zentrum)	Miete (Zins)
Mine (Sprengsatz)	Miene (Gesichtsausdruck)
Moor (Sumpfgebiet)	Mohr (Schwarzer)
muss (müssen)	Mus (Brei)
Nacken (Körperteil)	nagen (fressen)
Namen (Benennung)	nahmen (nehmen)
Paar (zwei)	paar (manche)
packen (einpacken)	backen (Essenszubereitung)
Pfeile (Richtungsweiser)	Feile (Werkzeug)
Pflug (Ackergerät)	Flug (fliegen)
picken (hacken)	pieken (stechen)
Prise (kleine Menge)	Brise (Lufthauch)
Quallen (Tiere)	Qualen (Schmerzen)
Rassen (Arten)	Rasen (Grünfläche)
Rasen (Grünfläche)	rasen (schnell fahren)
Ratte (Tier)	Rate (Teilbetrag)
rein (sauber)	Rain (Ackergrenze)
reißt (reißen)	reist (reisen)
Rhein (Fluss)	rein (sauber)
Risse (Kratzer)	Riese (Gigant)
Rosse (Pferde)	Rose (Blume)
Rücken (Körperteil)	Rügen (Missbilligungen)
Saite (Bespannung)	Seite (Richtung)
Säle (Saal)	Seele (Psyche)
säen (anbauen)	sehen (schauen)
sägen (schneiden)	Segen (Gnade)
Schall (Klang)	Schal (Halstuch)
Schärpe (Schleife)	Scherbe (Fragment)
Schiff (Wasserfahrzeug)	schief (schräg)
seit (seit heute)	seid (ihr seid es)
singen (trällern)	sinken (abtauchen)
singt (singen)	sinkt (sinken)
Sole (Salzbrühe)	Sohle (Fußsohle)

sollt (sollen)	Sold (Lohn)
Stall (Tierbehausung)	Stahl (Metall)
statt (anstelle)	Staat (Nation)
statt (anstelle)	Stadt (Metropole)
Ställe (Stall)	Stelle (Örtlichkeit)
Stil (Ausdrucksweise)	still (leise)
Stil (Ausdrucksweise)	Stiel (Besenstiel)
tot (leblos)	Tod (Sensenmann)
Urzeit (Zeitalter)	Uhrzeit (Zeitangabe)
Veilchen (Blume)	Weilchen (Moment)
Wagen (Auto)	Waagen (Wiegegeräte)
Wand (Mauer)	fand (finden)
Wal (Tier)	Wahl (Abstimmung)
Wal (Tier)	Wall (Abgrenzung)
war (sein)	wahr (wirklich)
Wälle (Wall)	Welle (Woge)
wecken (aufrütteln)	wegen (Umstandswort)
Weise (Art)	Waise (Elternteil/e verstorben)
wenn (falls)	wen (Fragewort)
wer (Fragewort)	wehr (erwehren)
Widder (Tier)	wieder (nochmals)
wider (gegen)	wieder (nochmals)
wissen (kennen)	Wiesen (Grünflächen)
zerren (ziehen)	zehren (verzehren)

Übung: Sprich die Wörter und such die, welche einen kurzen Vokal haben.

Übung: Sprich die Wörter und such die, welche einen langen Vokal haben.

Übung: Sprich die Wörter und such die, welche ein Dehnungs-h haben.

Übung: Sprich die Wörter und such die, welche stimmhafte oder stimmlose s enthalten.

Übung: Sprich die Wörter und such die, welche Doppelkonsonanten haben.

Übung: Sprich die Wörter und such die, welche Umlaute haben.

Übung: Sprich die Wörter und such die, welche in der Nennform stehen.

Übung: Sprich die Wörter und such die, welche harte oder weiche Konsonanten enthalten.

Übungswörter zur Worterarbeitung:
Die Liste kann auch für die Worterarbeitung herangezogen werden. Es hat sich gezeigt, dass legasthene Kinder beim Üben von Ähnlichkeiten zu keiner Interferenz (Ähnlichkeitshemmung) neigen. Deshalb können ähnliche Wörter ruhig gleichzeitig erarbeitet werden.

Besonderheiten der Rechtschreibung

1. Die s-Schreibung

Richtet sich nach der Aussprache: Nach einem kurzen Selbstlaut (Vokal) wird immer „ss" geschrieben, auch am Wortende. Nach einem langen Selbstlaut wird immer „ß" geschrieben.

Beispiele:

kurzer Selbstlaut: Hass, Boss, nass, dass, kess, isst, genoss, Kuss, Genuss, Nachlass, lassen, muss, fassen, Wasser, Wissen, passen, Schluss, fassen, besser

langer Selbstlaut: Gruß, Straße, beißen, reißen, Ruß, Spaß, fachgemäß, groß, maß, saß, Gefäß, heiß, Schweiß, Soße, ließt, Floß, Größe, fraß

Nach Zwielauten (au, ei, eu) und langem „ie" schreibt man immer „ß". Das ist keine Ausnahme, da Zwielaute immer lang gesprochen werden. Der Unterschied wird deutlich, wenn man „beißen müssen" hintereinander sagt. Auch ein Wechsel zwischen „ss" und „ß" bei der Wortbeugung ist möglich (wissen – weiß – gewusst).

2. Die Groß- und Kleinschreibung

- Satzanfänge werden großgeschrieben!

- Nach den Satzschlusszeichen Punkt, Ausrufungszeichen oder Fragezeichen schreibt man groß!

- Nach einem Doppelpunkt wird großgeschrieben, wenn ein ganzer Satz oder eine wörtliche Rede folgt.
  Beispiele:
  Information: Die Reisen an das Meer werden nicht durchgeführt.
  Er fragte: „Kann ich noch etwas trinken?"

- Das erste Wort von Überschriften und Titeln wird großgeschrieben.

- Dingwörter, konkrete Substantive, die wir angreifen, sehen, hören, riechen oder schmecken können, werden großgeschrieben.

- Denkwörter, abstrakte Substantive, die Gedachtes benennen, werden großgeschrieben. Dazu gehören alle Wörter mit der Endung -heit, -keit, -nis, -tum, -schaft, -sal, -ung, -ling.

- Zusammengesetzte Wörter werden großgeschrieben, wenn das Grundwort ein Namenwort ist.

    Nomen und Verb: Stall und reinigen - Stallreinigung

    Nomen und Adjektiv: Bahn und klein - Kleinbahn

    Nomen und andere Wortarten: Schrift und vor - Vorschrift

- Verben werden großgeschrieben, wenn vor ihnen ein bestimmter oder unbestimmter Artikel steht:

    Beispiele:

    das Lesen, das Schreiben, das Rechnen

    ein Knistern, ein Beben

- Verben werden großgeschrieben, wenn Fürwörter davorstehen:

    Beispiele: ihr Kommen, dieses Lächeln

- Verben werden großgeschrieben, wenn ein Verhältniswort davorsteht:

    Beispiele: beim Laufen, beim Schwimmen, mit Turnen

- Verben werden großgeschrieben, wenn eine Beifügung davorsteht:

    Beispiele: langes Warten, lautes Reden, dauerndes Lärmen

- Eigenschaftswörter und Mittelwörter werden großgeschrieben, wenn ein bestimmter oder unbestimmter Artikel davorsteht:

    Beispiele: der Dicke, der Schlafende, ein Blinder, ein Verletzter

- Eigenschaftswörter und Mittelwörter werden großgeschrieben, wenn Fürwörter oder Verhältniswörter davorstehen:

    Beispiele: meine Kleine, dieser Kleine, im Warmen sitzen

    Generell gilt: Jedes Wort, das hauptwörtlich gebraucht wird, wird großgeschrieben.

- Substantive in Verbindung mit einer Präposition (wie: auf Grund, in Bezug, mit Bezug) oder einem Zeitwort (z.B. Rad fahren, Tennis spielen) werden generell großgeschrieben:
  Beispiele: in Bezug auf, Rad fahren, Recht bekommen

- „Angst, Bange, Gram, Leid, Schuld, Ernst, Wert und Pleite" schreibt man immer groß, außer in Verbindung mit den Zeitwörtern „sein, bleiben und werden":
  Beispiele: Angst machen, Schuld geben, Pleite gehen
  Aber: pleite sein, wert sein, angst und bange werden,
  Schuldig bleiben

- Adjektive in festen Wortverbindungen werden großgeschrieben:
  Beispiele: auf dem Trockenen sitzen, im Dunkeln tappen,
  den Kürzeren ziehen

- Hauptwörtlich gebrauchte Adjektive als Ordinalzahlen werden großgeschrieben:
  Beispiele:
  der Erste und der Letzte
  der, die, das Letzte
  der Nächste, bitte

- Großgeschrieben werden Paarformeln mit nicht deklinierten Adjektiven zur Bezeichnung von Personen:
  Beispiele: Groß und Klein, Jung und Alt

- Bei Superlativen mit „aufs" ist Großschreibung oder Kleinschreibung möglich:
  Beispiele: aufs beste/aufs Beste, aufs herzlichste/aufs Herzlichste

- Bezeichnungen für Tageszeiten sollen großgeschrieben werden, wenn sie in Verbindung mit „heute", „(vor)gestern" oder „(über)morgen" stehen:

    Beispiele: heute Mittag, gestern Abend

- Die Verbindung von Wochentag und Tageszeit gilt als hauptwörtliche Zusammensetzung (das Adverb wird kleingeschrieben):

    Beispiele: am Sonntagabend, sonntagabends

- Das vertrauliche Anredepronomen „du", „dir", „dein" wird auch in Briefen kleingeschrieben. Das Großschreiben der persönlichen Anrede „Sie" und „Ihnen" als Unterscheidung zur 3. Person wird großgeschrieben:

    Beispiele:
    bezugnehmend auf dein Schreiben
    danke für Ihren Brief

Bei festen Fügungen aus Adjektiv und Substantiv wird das Adjektiv generell kleingeschrieben (z.B. das schwarze Brett, die erste Hilfe, der weiße Tod). Großschreibung tritt jedoch ein, wenn es sich um Eigennamen, d.h. um singuläre Benennungen handelt (z.B. der Stille Ozean). Auch Titel (z.B. Regierender Bürgermeister), klassifizierende Bezeichnungen in der Biologie (z.B. Roter Milan), besondere Kalendertage (z.B. Heiliger Abend) und historische Ereignisse (z.B. der Westfälische Frieden) werden großgeschrieben.

3. Die Laut-Buchstaben-Zuordnung (Stammprinzip)

- Alle Wörter, die zur selben Wortfamilie (Wortstamm) gehören, werden bzgl. des Vokals geschrieben:

Beispiele:	_Stamm:_
aufwendig/aufwändig	aufwenden/Aufwand
Bändel	Band
schnäuzen	Schnauze
belämmert	Lamm
überschwänglich	Überschwang
Gämse	Gams
behände	Hand
Quäntchen	Quantum
ein-/verbläuen	blau
gräulich/Gräuel	Grauen
Schneewechte	wehen
Stängel	Stange
Schenke/Schänke	ausschenken/Ausschank

- Einzelfälle mit Konsonantenverdoppelung nach kurzem Selbstlaut:

Beispiele:	_Stamm:_
nummerieren	Nummer
Tollpatsch	toll
Karamell	Karamelle
Ass	Asse
Tipp	tippen
Stopp	stoppen
Mopp	moppen
Mesner/Messner	Messe

- Alle Wörter, denen ein Substantiv auf -anz oder -enz zugrunde liegt, können auch mit „z" geschrieben werden (potenziell/ potentiell zu Potenz; differenziell/differentiell zu Differenz; essenziell/essentiell zu Essenz; substantiell/substanziell zu Substanz).

- h-Weglassung in Einzelfällen (Anpassung an andere Wörter):

Beispiele:	*Grund:*
rau	alle anderen Wörter auf „au" wie blau, grau, schlau haben auch kein Schluss-h
Känguru	angepasst an Gnu, Emu, Kakadu
Föhn	Föhn hat in den beiden Bedeutungen (Haartrockner und Fallwind) ein Dehnungs- h

Diese Besonderheiten gilt es, sich zu merken!

4. Die Zusammensetzungen

- Treffen in Zusammensetzungen drei gleiche Buchstaben aneinander, werden sie immer alle geschrieben. Die Schreibweise mit Bindestrich ist immer möglich.
  Beispiele: Flusssand/Fluss-Sand, Stofffetzen/Stoff-Fetzen, Teeei/Tee-Ei, Krepppapier/Krepp-Papier, Balletttänzer/Ballett-Tänzer

- Entsprechend bleibt bei der Endung "-heit" ein vorausgehendes "h" erhalten.
  Beispiele: Rohheit, Zähheit

5. Die Fremdwortschreibung

Bei vielen Fremdwörtern sind auch integrierte, d.h. ans Deutsche angelehnte Schreibvarianten zulässig. Eigennamen und Fachsprachen (Chemie, Medizin) sind nicht betroffen.

- ai oder ä:
  Beispiele: Nessessär (wie Sekretär, Militär), Majonäse, Frigidär

- ph oder f: bei allen Wörtern mit phon, graph und phot (phon/fon, graph/graf, phot/fot)
  Beispiele: quadrophon/quadrofon, Geografie, Fotometrie, Orthografie, Megafon (wie Mikrofon), Delfin (wie Fantasie)

- gh oder g:
  Beispiele: Jogurt, Spagetti (wie Getto)

- é/ée oder ee:
  Beispiele: Exposee, Varietee, Kommunikee, Schikoree (wie Dragee, Allee)

- qu oder k:
  Beispiel: Kommunikee (wie Likör)

- ou oder u:
  Beispiele: Nugat, Buklee

- ch oder sch:
  Beispiele: Ketschup, Schikoree (wie Haschee)

- rh oder rr:
  Beispiele: Katarr, Myrre, Hämorriden

- c oder ss:
  Beispiele: Fassette, Nessessär (wie Fassade)

- th oder t:
  Beispiele: Panter, Tunfisch, Portmonee

- Englische Wörter auf -y behalten das „y" auch in der Mehrzahl.
  Beispiel: Baby - Babys (statt Babies)

6. Die Worttrennung am Zeilenende

- Grundsätzlich gilt: Es wird nach Sprachsilben getrennt.

- Die Abtrennung einzelner Vokale ist erlaubt:
  Beispiele: A-bend, o-ben

- "ck" wird nicht getrennt:
  Beispiele: Zu-cker, le-cken

- "st" darf getrennt werden:
  Beispiele: Wes-te (wie Wes-pe), Kas-ten

- Fremdwörter dürfen nach den Regeln für deutsche Wörter getrennt werden:
  Beispiele: Chi-rurg, Mag-net, Helikop-ter

- Zusammengesetzte Wörter, die mittlerweile als Einheit empfunden werden, dürfen auch nach Sprachsilben getrennt werden:
  Beispiele: hi-nauf (oder: hin-auf), he-ran (oder: her-an), ei-nander (oder: ein-ander)

- Lesehemmende Trennungen sollte man vermeiden (Seeu-fer, Altbauer-haltung).

7. Beistrichsetzung

- Hauptsätze, die durch die Worte „und" bzw. „oder" verbunden sind, können aber müssen nicht durch einen Beistrich getrennt werden.
  Beispiel: Ich ging spazieren(,) und die Vögel zwitscherten.

- Partizipgruppen können aber müssen nicht durch einen Beistrich getrennt werden:
  Beispiel: Sich um nichts kümmernd(,) lebte er trotzdem recht gut.

- Kein Beistrich wird bei Sätzen gesetzt, die mit den Worten „beziehungsweise", „sowie", „wie", „entweder ... oder", „sowohl ... als auch", „weder ... noch" verbunden sind:
  Beispiel: Ich hatte versprochen, sowohl die Milch mitzubringen() als auch den Käse nicht zu vergessen.

- Um Missverständnissen vorzubeugen und zur besseren Gliederung eines Satzes(,) sollte man Beistriche setzen:
  Beispiel: Ich rate(,) ihm zu helfen. Ich rate ihm(,) zu helfen.

8. Die Getrennt- und Zusammenschreibung

- Generell gilt: Getrenntschreibung ist der Normalfall.

- Verbindungen von Hauptwort + Zeitwort werden getrennt geschrieben:
  Beispiele: Rad fahren, Teppich klopfen, Halt machen

- Verbindungen von Zeitwort + Zeitwort werden getrennt geschrieben, wenn das Grund-Zeitwort seine eigentliche Bedeutung beibehält (z.B. hier sitzen bleiben). Zusammenschreibung erfolgt bei übertragener Bedeutung (z.B. in der vierten Klassen sitzenbleiben, sich gehenlassen etc.).

  Beispiele:
  sitzenbleiben (in der Schule)
  sitzen bleiben (auf einem Stuhl)

- Verbindungen von „aneinander/auseinander/beieinander" + Zeitwort werden getrennt geschrieben, wenn das Zeitwort betont ist. Zusammenschreibung erfolgt, wenn das erste (Verhältnis-)Wort der Verbindung betont ist.

  Beispiele:
  aneinander fügen/aneinanderfügen
  zueinander finden/zueinanderfinden

- Verbindungen von Eigenschaftswort + Zeitwort werden getrennt geschrieben, wenn das Grund-Zeitwort seine eigentliche Bedeutung beibehält (z.B. nahe am Abgrund stehen etc.). Zusammenschreibung erfolgt bei übertragener Bedeutung (z.B. nahestehende Verwandte).

  Beispiele:
  sauber halten/sauberhalten
  nahe stehen/nahestehen

9. Die Bindestrich-Schreibung

- Grundsätzlich: Durch die Verwendung des Bindestriches wird die Aussageabsicht verdeutlicht.

- Man setzt Bindestriche in Zusammensetzungen von ganzen Wörtern mit Einzelbuchstaben, Abkürzungen, Ziffern:
  Beispiele: i-Punkt, km-Zähler, 4-Pfünder, 2-Kilo-Gewicht, 9-jährig, 4-silbig, 100-prozentig

- Vor Eigenschafts-/Umstandswörtern und vor Suffixen (angehängten Silben wie -lig, -fach, -ten) setzt man Bindestriche, wenn sie mit einem Einzelbuchstaben verbunden sind:
  Beispiele: zum x-ten Mal, o-förmig, L-förmig, die n-te Potenz etc.

- Das gilt aber nicht bei Zahlen oder mehreren Buchstaben:
  Beispiele: 25stel, 8fach, 20fach, ÖVPler, 9mal etc.

- Sind Aneinanderreihungen substantivisch gebraucht, setzt man Bindestriche:
  Beispiele: das Make-up, das Sowohl-als-auch etc.

- Man setzt Bindestriche in mehrteiligen Zusammensetzungen, wenn die einzelnen Bestandteile wichtig sind:
  Beispiele: der dass-Satz, die Ich-Erzählung, der Trimm-dich-Pfad

- Man setzt Bindestriche, wenn die Zusammensetzung einen Eigennamen enthält:
  Beispiele: Foto-Müller, Baden-Württemberg, Kardinal-Nagl-Platz, Rudolf-Steiner-Schule

- Für mehrgliedrige Anglizismen gelten die gleichen Regeln wie für deutsche Zusammensetzungen, d.h. grundsätzlich Zusammenschreibung, aber zulässige Schreibung mit Bindestrich, vor allem dann, wenn Unübersichtlichkeit befürchtet wird:
  Beispiele: Hairstylist/Hair-Stylist, Tiebreak/Tie-Break, Jobsharing/ Job-Sharing, Midlifecrisis/Midlife-Crisis, Sexappeal/ Sex-Appeal, Shoppingcenter/Shopping-Center

Vom Wort zum Satz

- Damit man von einem Satz sprechen kann, müssen mindestens Satzgegenstand und Satzaussage vorhanden sein.

  Ich singe.

- Ein einfacher Satz besteht aus:
  Satzgegenstand (Subjekt)
  Satzaussage (Prädikat)
  Satzergänzung (Objekt)

- Der Satzgegenstand gibt an, wer oder was etwas tut. Man fragt nach dem Satzgegenstand auch mit wer oder was:

  Kinder spielen Fußball.
  Wer spielt Fußball? Kinder spielen Fußball.
  Satzgegenstand: Kinder

- Die Satzaussage beschreibt die Tätigkeit oder die Eigenschaft des Satzgegenstandes.

  Kinder spielen Fußball.
  Was wird vom Satzgegenstand ausgesagt?
  Dass die Kinder spielen.
  Satzaussage: spielen

- Die Satzergänzung ist ein weiterer Hauptbestandteil eines Satzes. Sie kann im 2., 3. oder 4. Fall stehen. Die Satzergänzung ist von der Satzaussage abhängig.

2. Fall:

Sie gedachten der Toten.

Wessen gedachten sie? Der Toten.

Satzergänzung: der Toten.

3. Fall:

Er schenkte ihr Rosen.

Wem schenkte er Rosen? Ihr.

Satzergänzung: ihr.

4. Fall:

Kinder spielen Fußball.

Wen/Was spielen die Kinder? Fußball.

Satzergänzung: Fußball.

- Der einfache Satz besteht aus S(ubjekt), P(prädikat), O(bjekt).

Die Kinder	spielen	Fußball.
Subjekt	*Prädikat*	*Objekt*

- Erweitert werden Sätze durch Adverbien.

Es gibt vier Arten :

<u>Umstandsbestimmung des Ortes - Lokaladverbiale</u>
Man fragt:

wo? - hier, da, darauf, dazwischen, rechts, etc.

woher? - irgendwoher, dorther, etc.

wohin? - dahin, dorthin, herauf, herunter, etc.

<u>Umstandsbestimmung der Zeit - Temporaladverbiale</u>
Man fragt:

wann? - da, dann, darauf, damals, einst, früher, etc.

wie lange? - bisher, bis heute, seither, lange, etc.

wie oft? - stündlich, jährlich, einmal, häufig, etc.

Umstandsbestimmung der Art und Weise - Modaladverbiale

Man fragt:

wie? oder in welchem Maße? - zufällig, gern, ziemlich, gleichsam, sogar, blindlings, kaum, fast, absichtlich etc.

Umstand des Grundes - Kausaladverbiale

Man fragt:

weshalb? oder warum? - deshalb, darum, daher, notfalls, folglich, meinetwegen, dennoch, deswegen etc.

- Wenn sich das Eigenschaftswort (Adjektiv) eindeutig auf ein Zeitwort (Verb) bezieht, so wird es als Umstandswort (Adverb) verwendet.

- Ort:

    Die Kinder spielen   draußen.
                                Wo?

- Zeit:

    Die Kinder spielen   täglich   Fußball.
                                Wie lange?

- Art und Weise:

    Die Kinder spielen   sehr wild   im Garten.
                                Wie?

- Grund:

    Die Kinder spielen   deshalb   Fußball.
                                Warum?

- Einfache Satzarten:

    Hauptsatz: Die Kinder spielen im Garten.

    Hauptsatz und Gliedsatz: Die Kinder spielen im Garten, damit sie die Erwachsenen nicht stören.

Hauptsatz und Hauptsatz: Die Kinder spielen im Garten und die Sonne scheint sehr schön.

- Das Satzzeichen entscheidet auch über die Bezeichnung eines Satzes:

    Befehls- und Ausrufungssätze haben am Ende ein Rufzeichen:
        Fahr langsam!
        Das schmeckt aber gut!

    Fragesätze haben am Ende ein Fragezeichen:
        Wie geht es dir heute?

Das Lesen

Der erste Schritt:

 Das Lesen ist wie das Schreiben wesentlich von der Beherrschung der Symbole, also Buchstaben, Zahlen und Satzzeichen, abhängig sowie vom Erfassen der Laute. Deshalb besteht eine Grundanforderung der AFS-Methode darin, dass diese völlig beherrscht werden, bevor man an das Lesen herangeht.

Der zweite Schritt:

Die AFS-Methode beinhaltet in Bezug auf das Lesen noch eine weitere Grundanforderung: Das Bewusstsein, dass alle Worte nur aus Buchstaben bestehen, muss für das legasthene Kind unbedingt vorhanden sein, sonst kann der Leseprozess nicht erfolgreich vorangetrieben werden. Die Eigenart des Legasthenikers ist es,

Unbehagen zu empfinden, wenn er einen längeren Text vor sich sieht, den er lesen soll. Wird ihm aber klargemacht, dass es sich immer wieder um die gleichen Symbole handelt, mit denen er es zu tun hat, ändert sich dieses Gefühl schlagartig. Darüber zu sprechen ist ein wichtiger Ansatz, denn der legasthene Mensch kann von sich aus die Tatsache nicht erkennen, dass es sich um eine beschränkte Anzahl von Symbolen handelt. Für ihn erscheinen sie als beinahe unendlich und nicht bewältigbar.

Der dritte Schritt:

Die dritte Grundanforderung vollzieht sich im Erfassen des Wortganzen. Dieser Schritt von den Symbolen zum Wortganzen muss sich natürlich auch vollziehen, um das Ziel, ein fehlerloses und auch verständiges Lesen, zu erreichen. Gerade zu lesen und das Gelesene auch zu verstehen fällt ja legasthenen Kindern nicht immer leicht. Sie identifizieren zwar die Buchstaben und Wörter beim Lesen, doch geht oft der Inhalt des Gelesenen verloren. Das macht natürlich wenig Spaß und regt nicht zum Lesen an.

Eine Studie, die über viele Jahre durchgeführt wurde, zeigte, dass eine zusätzliche Unterstützung für legasthene Kinder durch Lesehilfen wie z.B. der **Easy Reading Leseschablone**, welche den Text eingrenzt und ein Farblesen ermöglicht, sich als besonders hilfreich erweisen kann. Das Besondere dieser Leseschablone (colored overlay card for reading) sind die vier Felder an den Ecken, die alle eine andere Farbe haben (siehe Abbildung). *www.leseschablone.com*

Transparente Ecken in Blau, Rosa, Gelb und ohne Farbe stehen dem Kind zur Auswahl. Hat sich das Kind für eine Ecke entschieden, wird diese über den Text gelegt. Der Text ist jetzt nicht nur eingegrenzt, sondern auch durch eine Farbe abgedämpft zu sehen. Es gibt natürlich auch Kinder, die nur die durchsichtige Ecke aussuchen. Die

EASY - Reading™

durchsichtige Ecke ist auch für farbige Texte gedacht. Liegt die Schablone nun über dem Text, so wird der Effekt erzielt, dass der mitunter für das Auge des Legasthenikers sehr störende Schwarz-auf-Weiß-Kontrast der Symbole sanfter erscheint. Die Eingrenzung des Textes hat den Sinn, dass der Text in seinem gesamten Umfang vom Kind nicht so negativ wahrgenommen wird.

 Es gibt nun eine **besondere Lesetechnik** in der AFS-Methode. Der gesamte Leseprozess sollte genau nach den vorgegebenen Schritten erfolgen.

1. Unbedingt notwendig ist, dass das Kind mit Beginn des Lesetrainings daran erinnert wird, mit seinen Gedanken bei der Sache zu sein. Oft muss man es auch während des Trainings zur Aufmerksamkeit rufen.

2. Die Leseschablone wird über das erste Wort im Satz ganz langsam gezogen, sodass Buchstabe für Buchstabe eines Wortes präsentiert wird.

3. Das Wort steht nun in der Ecke der Schablone und wird vom Kind lautiert oder buchstabiert. Ob das Kind lautiert oder buchstabiert, ist davon abhängig, wie dies in der Schule gehandhabt wird. Auf keinen Fall sollte das Kind umgewöhnt werden.

4. Das Wort wird, nachdem es vom Kind in die Einzelbuchstaben zerlegt worden ist, vom Trainer deutlich ausgesprochen. Es hört das Wort nicht von seiner eigenen Stimme. Das Wort wird dabei vom Kind genau betrachtet.

5. Nun spricht das Kind das Wort deutlich aus. Damit ist die erste Phase abgeschlossen.

Diese fünf Schritte erfolgen nun bei den weiteren Worten des Textes. Es ist zu bemerken, dass die Zahl der so zu erarbeitenden Worte die Hundertergrenze nicht übersteigen soll. Nachdem der gesamte Text präsentiert, lautiert oder buchstabiert, vom Trainer gesprochen, vom Kind gesprochen wurde, geht es in die nächste Phase.

6. Nun wird die Leseschablone nochmals langsam über jedes Wort gezogen. Dabei soll vom Kind das Wortbild jedes einzelnen Wortes genau erfasst werden. Es ist wichtig, dass dem Kind klargemacht wird, in dieser Phase die Wörter nicht unbedingt zu lesen, sondern nur genau das Wortbild zu betrachten.

7. Wurden alle Wörter betrachtet und das Wortbild erfasst, erfolgt der nächste Schritt. Der Text wird gelesen, wobei man dem Kind freistellen soll, ob es dabei die Schablone verwendet. Man achtet nun genau darauf, ob der Text auch korrekt gelesen wird. Sollte es zu Fehlererscheinungen kommen, ist die absolute Konsequenz des Trainers notwendig. Das Kind soll dazu bewegt werden, wieder zum Textanfang zurückzugehen und nochmals den gesamten Text zu lesen. Bei jedem Fehler muss dieser Schritt, der von besonderer Bedeutung ist, durchgeführt werden. Es hat sich gezeigt, dass durch diese Maßnahme die Kinder versuchen, sehr aufmerksam zu lesen.

8. Der letzte Schritt ist die Überprüfung, ob das Kind das Gelesene auch inhaltlich zur Kenntnis genommen hat. Deshalb ist es notwendig, über den Text, nachdem er gelesen worden ist, zu sprechen. Das kann nun wahlweise schon nach einem Satz gemacht werden oder man liest zwei, drei Sätze und spricht dann darüber. Auch ist es zulässig, über den Inhalt zu sprechen, nachdem der gesamte Text gelesen worden ist. Es ist für das Kind erfahrungsgemäß sehr positiv, wenn es nicht nur über den Inhalt, sondern auch über seine Gefühle oder Gedanken, über die bildliche Vorstellung, die es sich über den Text macht, sprechen darf! Dabei sollte sich der Trainer als ideenreicher Gesprächspartner und geduldiger Zuhörer zeigen.

Zum Computereinsatz

Ein AFS-Methodengrundsatz lautet: Kein Legasthenie-training ohne den Einsatz des Computers. Der Computereinsatz im Legasthenietraining ist eine nicht zu unterschätzende Möglichkeit, das legasthene Kind in allen drei Bereichen, welche die AFS-Methode beinhaltet, zu außergewöhnlichen Leistungen zu bringen. Viele der vorgeschlagenen Übungen können auch am Computer trainiert werden. Eine wesentliche Steigerung der Motivation ist bei der Arbeit mit dem Computer zu bemerken.

Arbeitet der Legastheniker am Computer, so kann man zumeist seine völlige Aufmerksamkeit beobachten, ohne dass vorher speziell darauf Bedacht genommen wurde und ohne dass er vorher daran erinnert worden wäre, „bei der Sache zu sein". Die Aufmerksamkeit kommt am Computer von alleine. Warum legasthene Menschen mit dem Computer eine, man könnte sagen, freundschaftliche Beziehung haben, darüber kann man allerdings nur Vermutungen anstellen, da es keine wissenschaftlichen Untersuchungen in diesem Zusammenhang gibt. Augenscheinlich ist aber der Vorteil der Computertastatur, da sich die Buchstaben immer an derselben Stelle befinden. Wichtig ist auch die

Größe der Buchstaben. Große, deutliche Buchstaben kommen dem legasthenen Kind sehr entgegen. Von Vorteil sind auch die verschiedenen Schriftgrößen und Schriftarten, die immer ein perfektes Bild ergeben. Für manche legasthene Menschen sind sie eine große Hilfe, da oft die eigene Schrift schlecht entziffert werden kann.

Die Erfolge, die das legasthene Kind am Computer erlebt, gleichen so manchen Misserfolg aus und das ist ein wahrer Segen für das Selbstwertgefühl. Einige Kinder sind von dem Medium so fasziniert, dass sie sogar freiwillig „Überstunden" machen, spielerisch das lernen, was ihnen beim „normalen" Lernen einfach nicht gelingen wollte.

Software, sowohl für den Funktions- als auch den Symptombereich, gibt es in Hülle und Fülle, wobei bei Weitem Software für den Symptombereich überwiegt. Das Angebot ist für den Konsumenten gar nicht mehr überschaubar. Man sollte bei der Auswahl auf den Rat von Spezialisten hören. Grundsätzlich ist aber zu bemerken, dass die meisten Spiele Passagen enthalten, die nützlich für das Training mit legasthenen Kindern sein können, und Teile, von denen man besser die Finger lässt. Man wird kaum ein Programm finden, das in allen seinen Details zu gebrauchen ist.

Für das Training am Computer können zahlreiche, kostenfreie Programme empfohlen werden:

Wortpuzzle

Worterarbeitung für Fehlerwörter einmal anders! Die 100 wichtigsten Wörter kann man sich mit den Wortpuzzles spielerisch erarbeiten. Beim Puzzeln visualisiert man das Wort intensiv und speichert es besser ab.
www.wort-puzzle.at

Lernpuzzle

160 Puzzles in 10 verschiedenen Kategorien. Die schönsten Motive können in Schwierigkeitsgraden von 10 bis über 100 Teilen gespielt werden. Geschult werden die optische Differenzierung und auch die Raumwahrnehmung. Diese beiden Fähigkeiten sind eine wesentliche Voraussetzung für ein problemloses Erlernen des Schreibens und Lesens. *www.lernpuzzle.com*

Schiebepuzzle

Mit den 20 Schiebepuzzles in verschiedenen Größen wird die optische Serialität trainiert. Die optische Serialität ist die Fähigkeit, optische Eindrücke der Reihe nach zu ordnen. Dies ist eine wichtige Voraussetzung für gutes Schreiben, Lesen und Rechnen.
www.schiebepuzzle.com

Spielesammlung Raumwahrnehmung

Abschätzen, Ordnen, Suchen, Einpassen und weitere wichtige Tätigkeiten werden bei den hier angebotenen Spielen trainiert. Funktionstraining ohne Buchstaben und Zahlen zur individuellen Verbesserung der Lese-, Schreib- und Rechenleistung. *www.intellecta.de*

Spielesammlung Aufmerksamkeit

Zum Lernen braucht es Aufmerksamkeit! Aufmerksam zu sein und die Aufmerksamkeit über einen längeren Zeitraum aufrechtzuerhalten, werden bei den hier angebotenen Spielen trainiert. Dieses Training trägt zur individuellen Verbesserung der Lese-, Schreib- und Rechenleistungen bei. *www.eurolernspiel.de*

Der Arbeitsplatz des legasthenen Kindes

Lernen kann man auch als Vorgang bezeichnen. Zu wenig Beachtung wird meistens dem Umstand geschenkt, dass das legasthene Kind eine spezielle Umgebung braucht, damit dieser Vorgang auch positiv ablaufen kann.

 In den Inhalten der AFS-Methode stehen auch in dieser Hinsicht einige grundlegende Anforderungen:

- **Minimierte Ablenkungsmöglichkeiten**

Es hat sich gezeigt, dass das Lernen wesentlich leichter von der Hand geht, wenn der Arbeitsplatz des Kindes möglichst wenig Ablenkung bietet. Die Umgebung kann entscheidend dazu beitragen, dem legasthenen Kind zu helfen, seine Aufmerksamkeit über längere Zeit bei der Sache zu halten. Deshalb ist es günstig, den Arbeitsplatz gegen eine Wand, nicht in den Raum oder gegen ein Fenster, einzurichten.

- **Ordnung**

Auf dem Tisch sollen sich nur die Sachen befinden, die das Kind unmittelbar braucht, um seine Arbeit zu erledigen. Hilfsmittel, die seltener benötigt werden, sollen besser weggeräumt werden. Abfälle haben sofort entsorgt zu werden. Ein Papierkorb soll sich deshalb in unmittelbarer Nähe befinden. Helfen sie dem Kind dabei, Ordnung zu halten! Die „eigene" Ordnung ist ein spezielles Persönlichkeitsmerkmal des legasthenen Kindes. Es will damit aber niemanden verletzen oder gar boshaft agieren, der Legastheniker kann es einfach von alleine nicht besser. Ihm nur zu sagen „Halte Ordnung!", ist zu wenig. Jeder, der mit legasthenen Menschen zu tun hat, weiß, dass dafür sehr viel Geduld und Verständnis notwendig ist.

- **Ausreichendes Licht**

Von großer Bedeutung für legasthene Menschen sind auch die Lichtverhältnisse, die sie bei ihrer Arbeit vorfinden. Das Licht sollte möglichst von einer Seite kommen und nicht direkt von vorne einwirken. Auch am Tag kann man noch eine zusätzliche künstliche Lichtquelle installieren, wenn man das Gefühl hat, dass der Arbeitsplatz zu dunkel ist.

- **Geräuschkulissen**

Es ist sehr interessant zu beobachten, dass manche legasthene Menschen durchaus besser arbeiten können, wenn sie bei der Arbeit eine monotone Lärmquelle wie Musik oder Straßenlärm hören. Deshalb sollte man nicht kategorisch diese Anforderungen, die manchmal von den Kindern gestellt werden, ablehnen. Natürlich können Geräuschkulissen für andere Kinder durchaus störend sein. Deshalb ist dies vom Erwachsenen genauestens zu beobachten. Musik kann man abstellen, bei Straßenlärm haben schon Ohrstöpsel geholfen. Worauf aber alle legasthenen Menschen sozusagen allergisch reagieren, sind Lärmentwicklungen, die sporadisch auftreten. Geräusche von Kleinkindern oder Küchengeräusche beispielsweise können die schwierig erreichte Aufmerksamkeit des Legasthenikers völlig zunichte machen.

- **Internet und andere elektronische Geräte**

Bei Drucklegung der ersten Auflage im Jahr 2000 verfügten nur 150.000 Haushalte in Österreich über Computer und Internetzugang. Die Prognose war: „Diese Zahl wird sich in kurzer Zeit verzehnfachen." 2008 hatten fast 70% aller österreichischen Privathaushalte einen Internetzugang, bei Unternehmen waren es sogar 97% (Quelle: Statistik Austria). Mittlerweile nutzen über sieben Millionen Österreicher das Internet (Quelle: www.statista.com). Das Internet bietet eine Vielzahl an Möglichkeiten, gerade auch kostenfreie Arbeitblätter und Trainingsprogramme in Anspruch zu nehmen.
www.arbeitsblaetter.org

In den letzten Jahren kamen zum Computer Tablets und Smartphones als vielfältig eingesetzte elektronische Geräte hinzu. Ein Tablet kann alle zehn Finger einzeln erkennen. Neben dem Hören und Sehen wird auch der Tastsinn angeregt. Auf modernen Tablets kann auch erstmals mit Stift gezeichnet und gemalt werden wie mit keinem anderen technischen Hilfsmittel zuvor. Fotografie und Videomöglichkeiten ergänzen diese vielfältigen Geräte. Es gilt nun, die richtigen Programme (Apps) für Kinder auszusuchen und zeitlich zu begrenzen.

Gerade elektronische Geräte sollten legasthenen Kindern unbedingt zur Verfügung gestellt werden. Diese sollen aber nicht immer den Arbeitsplatz des Kindes einnehmen, sondern variabel platzierbar sein. Es ist schon geholfen, wenn elektronische Geräte aus dem Arbeitsfeld weggeräumt werden können.

Dyskalkulie

Erkennen - verstehen - akzeptieren - bewältigen

Wie die Legasthenie so ist auch die Dyskalkulie, fälschlicherweise auch oft als Rechenschwäche bezeichnet, ein weiter verbreitetes Problem unter Schulkindern, als man denkt. Die Dyskalkulie zeigt sich in einem grundlegend unzureichenden Verständnis für Zahlen, Mengen, Größen und mathematische Operationen.

Das gleiche Phänomen wie bei legasthenen Kindern tut sich auf: Ein anscheinend sehr intelligentes Kind kommt in die Schule und kann im Rechenunterricht die gestellten Anforderungen absolut nicht bewältigen. Große Frustration macht sich bei den Eltern breit. Doch wer jetzt den Kopf in den Sand steckt und glaubt, dass sich alles von alleine in Wohlgefallen auflösen wird, der irrt. Hilfe tut not!

Der anschließende Zwanzig-Fragen-Katalog soll beim Erkennen helfen, ob sich der Verdacht bestätigt, ein Kind könnte eine Dyskalkulie haben: Werden mindestens fünf Fragen mit „Ja" beantwortet, so kann man davon ausgehen, dass man ein Kind mit Dyskalkulie vor sich hat. Doch nicht nur ein rechtzeitiges Erkennen des Problems ist wichtig, sondern auch das Verständnis für das Phänomen der Dyskalkulie.

Vielfach wird heute, speziell im amerikanischen Sprachbereich, die Dyskalkulie nicht mehr als isoliertes Lernproblem gesehen. Das hat seinen Grund darin, dass man heute weiß, dass auch die Dyskalkulie, gleich wie die Legasthenie, durch differente Sinneswahrnehmungen hervorgerufen wird. Man nennt diese Symptomatik die

Zwanzig-Fragen-Katalog Dyskalkulie

	Ja	Nein	
• Das Kind benötigt ungewöhnlich viel Zeit für Rechenoperationen und zeigt schnell einen Erschöpfungszustand.			
• Zahlenräume, Mengen, Größen, Formen, Distanzen können schlecht erfasst werden, die Verbindung zwischen Zahlenbegriff und Menge fehlt.			
• Rechensymbole (Plus, Minus, Divisions- und Multiplikationszeichen) werden nicht immer erkannt.			
• Trotz intensiven Übens werden keine wesentlichen Fortschritte erzielt, Geübtes wird schnell wieder vergessen.			
• Auslassen von Ziffern			
• Schwierigkeiten beim Überschreiten des Zehner- und/oder Hunderterschrittes			
• Zahlenreihen können nicht korrekt weitergeführt werden.			
• Reversieren von Zahlen (67/76)			
• Verwechslung von ähnlich klingenden Zahlen (19/90)			

	Ja	Nein	
• Beim Kopfrechnen können Zwischenergebnisse nicht gespeichert werden.			
• Schwierigkeiten beim Erlernen des Einmaleins			
• Seitenverkehrtes Schreiben oder Lesen von Zahlen (6/9)			
• Verwechslung ähnlich aussehender Zahlen (6/5)			
• Falsche Wiedergabe von Zahlen beim Abschreiben			
• Schwierigkeiten bei der Wahrnehmung und Reproduktion räumlicher und zeitlicher Abfolgen			
• Textaufgaben und/oder Rechenaufgaben mit zusätzlichen Texten bereiten große Schwierigkeiten			
• Widersprüchliche Ergebnisse werden nicht bemerkt und/oder geduldet.			
• Kein Abschätzvermögen, z.B. zwischen Reihung und Ergebnis wird keine Verbindung erkannt. (14 + 20 = 16)			
• Zählen und/oder Rückwärtszählen gelingt nicht oder nur unter Verwendung der Finger.			
• Generelle Regelunsicherheit			

Primärsymptomatik der Dyskalkulie. Sinneswahrnehmungen der Optik, Akustik, des Raum- und Zeitgefüges sind betroffen. Dadurch kommt es zu den Erscheinungsformen, welche in dem Zwanzig-Fragen-Katalog enthalten sind: hauptsächlich zu Schwierigkeiten im Umgang mit Zahlen, Zahlenräumen, Mengen, Distanzen und allen sich daraus ergebenden Problemen. Die differenten Sinneswahrnehmungen bewirken eine extrem leichte Ablenkbarkeit des Kindes, wenn es mit Zahlen und den damit verbundenen Rechenoperationen umgehen muss. Viele Kinder mit Rechenproblemen haben zugleich auch Probleme mit dem Schreiben und/oder Lesen.

Es gibt sieben Typen von Menschen mit Legasthenie (Dyslexia) und/oder Dyskalkulie:

Typ 1:
  Schreibprobleme
  Leseprobleme
  Rechenprobleme

Typ 2:
  Schreibprobleme

Typ 3:
  Leseprobleme

Typ 4:
  Rechenprobleme

Typ 5:
  Schreibprobleme
  Leseprobleme

Typ 6:
  Schreibprobleme
  Rechenprobleme

Typ 7:
  Leseprobleme
  Rechenprobleme

Dazu kommen eventuell noch Fremdsprachenprobleme. Auch bei den Fremdsprachen haben die meisten legasthenen Kinder Schwierigkeiten. Deutlich wird jedoch, dass eine Dyskalkulie (Rechenprobleme) selten isoliert und ohne Legasthenie (Schreib- und/oder Leseprobleme) auftritt.

Um die Primärsymptomatik der Dyskalkulie nicht in die Sekundärsymptomatik gleiten zu lassen, ist es in erster Linie eine Grundanforderung an die Eltern und auch Lehrer, die Probleme der Kinder zu akzeptieren. Wichtig ist natürlich auch, dass man Hilfestellung gibt. Kommt es zu keiner Hilfe, so melden sich bald jede Menge von Sekundärsymptomen der Dyskalkulie. Diese Sekundärproblematiken zeigen sich gleich wie bei der Legasthenie: Verhaltensauffälligkeiten wie Aggressivität, Schulangst bis hin zu psychosomatischen oder psychopathologischen Störungen können auftreten. Es ist notwendig, im Bereich der Dyskalkulie in der Grundschule zu trainieren und die Dyskalkulie in den Griff zu bekommen. Kinder, die keine Förderung erhalten, haben nicht nur bleibende Schwierigkeiten in Mathematik, sondern auch in weiterführenden Schulen Probleme in den Fächern Informatik, Physik oder Chemie.

Es muss aber den Eltern von Kindern mit einer Dyskalkulie klar sein, dass sich Erfolge nur sehr langsam und nur durch ein ständiges, gezieltes Training einstellen.

- **Die erste Grundanforderung** der AFS-Methode besteht darin, dass die Aufmerksamkeit des Kindes trainiert und verbessert wird, wenn es mit Zahlen umgeht.

- **Die zweite Grundanforderung** der AFS-Methode ist, dass die Funktionen des Kindes, d.h. die Sinneswahrnehmungen, verbessert werden müssen.

- **Die dritte Grundanforderung** der AFS-Methode ist ein wirksames und anschauliches Symptomtraining:

- **Erstens** müssen die Zahlensymbole gründlich erarbeitet werden. Die Zahlen werden in einer Dreidimensionalität dargestellt. Das Kind soll dazu angehalten werden, mit diesen zu hantieren.

- **Zweitens** müssen diese Kinder die Basis aller mathematischen Operationen, nämlich das Zählen, voll und ganz beherrschen. Alle Rechenarten können auf dem Zählen aufgebaut werden. Addieren ist nur das Zählen für „denkfaule" Leute.

- **Drittens** müssen Symbol und die jeweilige Menge immer im Zusammenhang geübt werden. Dabei müssen die vier Grundrechenarten mit dreidimensionalem Material dargestellt werden.

Das Erarbeiten der Zahlen

- 1 2 3 4 5 6 7 8 9 0 werden mit verschiedenen Materialien dreidimensional dargestellt.
- Das Kind wird dazu angehalten, die verschiedenen Zahlen in die Hand zu nehmen, zu drehen und genau zu betrachten.
- Das Kind soll die verschiedenen Zahlen benennen.
- Der Trainer soll die verschiedenen Zahlen benennen.
- Es werden verschiedene Zahlenkombinationen gelegt und benannt.

Das Zählen

 Das Zählen ist die Basis der Mathematik. Oft stellt es sich heraus, dass das Kind den Zählvorgang nicht durchschaut. Dann muss dieser sehr ausgiebig und anschaulich geübt werden.

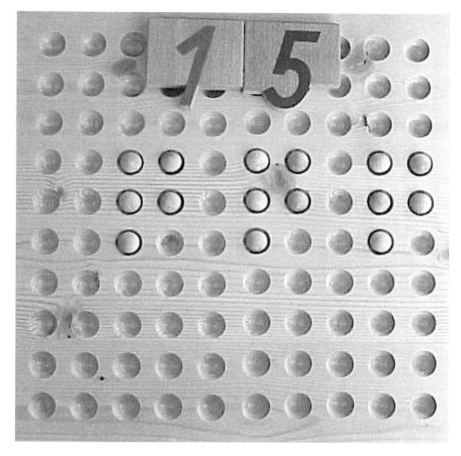

Hunderterbrett zum vielseitigen Trainieren

Ein Hunderterbrett (siehe Abbildung) ist für diese Tätigkeit von Vorteil, aber nicht unbedingt notwendig. Was man aber dringend braucht, ist eine Anzahl von z.B. Holzkugeln, Zuckerwürfeln (ca. 100-200 Stück) oder anderen Materialien. Es kommt natürlich darauf an, welcher Zahlenraum vom Kind in der Schule schon verlangt wird. Wichtig ist die gleiche Gestalt und, wenn möglich, die gleiche Farbe der Hilfsmittel.

- **Übung:** Dem Kind werden einige Kugeln auf den Tisch gelegt. Es erhält vom Trainer die Anweisung, diese Kugeln zu zählen. Sobald das Kind die Kugeln gezählt hat, wird wieder eine Anzahl von Kugeln hinzugefügt. Nun wird das Kind aufgefordert, die gesamten Kugeln wieder zu zählen. Sobald das Kind damit fertig ist, werden wieder neue Kugeln hinzugefügt. Das Kind wird abermals aufgefordert, alle Kugeln zu zählen. Diese Übung soll so lange wiederholt werden, bis das Kind von selbst daraufkommt: Ich könnte die Kugeln ja in

Mengen einteilen. Es könnte beispielsweise immer fünf Kugeln auf einen Platz legen und sich so behelfen, um nicht immer wieder alle Kugeln zählen zu müssen. Es ist aber wichtig, dass nicht der Trainer das Kind auf diesen Gedanken bringt, sondern dass diese Überlegung vom Kind ausgeht! Sobald dem Kind dieser Schritt der Kategorisierung gelungen ist, hat eine Mengeneinteilung stattgefunden. Das ist ein unglaublich wichtiger Schritt, den das Kind vollzieht. Deshalb ist es auch so wichtig, dass der Trainer geduldig darauf wartet, bis sich dieser Schritt vollzieht. Den Zeitraum zu beschreiben, wann dies beim jeweiligen Kind passiert, ist nicht möglich. Hier erlebt man in der Praxis sehr große Zeitunterschiede. Eines steht aber fest, kein Kind ist jemals beim ersten Versuch auf die Idee gekommen, die Kugeln in Mengen einzuteilen. Sobald aber die Einteilung gemacht wurde, wurde der erste Schritt in Richtung Addition (= ungleiche Mengen) bzw. Malsätzchen (= gleiche Mengen) getan.

Symbol und Menge

Die Tatsache, dass ein Kind mit Rechenproblemen die Rechnung immer bildlich erleben muss, wird vielerorts absolut unterschätzt.

Dabei genügen Abbildungen, die zweidimensional dargestellt sind, leider nicht. Vielfach findet man in Schulbüchern der ersten Klasse wunderschöne bunte Zeichnungen, die z.B. vier Äpfel in einem Korb zeigen und noch einen Korb, der fünf Äpfel enthält. Das Kind muss nun in einen leeren Korb die Anzahl der Äpfel zeichnen. Leider ist dieser Vorgang für ein Kind mit Dyskalkulie ziemlich wertlos. Zwei wichtige Komponenten wurden hier weggelassen: Man hätte Äpfel aus Papiermaschee oder aus Plastik oder auch echte Äpfel verwenden sollen. Außerdem hätte man unbedingt zu der Menge das Symbol dazulegen müssen!

Jede Grundrechenart muss ausgiebigst in dieser Symbol-Mengen-Kombination trainiert werden. So kann auch das Kind mit Dyskalkulie das Einmaleins vertiefend erlernen. Dass dies einen sehr großen

Arbeitsaufwand bedeutet, ist natürlich klar. Doch gibt es leider keine Wundermittel, mit denen man den gleichen Erfolg erzielen könnte.

Werden aber diese eigentlich einfach zu erfüllenden Anforderungen beherzigt, so steht dem Erfolg nichts mehr im Wege!

Zu beachten ist auch, dass oft Kinder, die Schwierigkeiten bei Textrechnungen haben, fälschlich als rechenschwache Kinder bezeichnet. Tritt dieses Problem nur isoliert auf, so ist meist ein mangelndes Leseverständnis daran schuld, dass Textrechnungen nicht so leicht bewältigt werden können.

Das **„Easy Maths Set"** ist ein Trainingsspiel zur Verbesserung der individuellen Rechenleistung. Diese pädagogische Spielesammlung zur Verbesserung der Rechenfertigkeit wurde nach den neuesten wissenschaftlichen Erkenntnissen zusammengestellt. Enthalten sind drei Broschüren mit Trainingsanleitungen, das Kartenspiel Mathe4matic, ein Turmrechenblock, zwei Spielpläne, 200 Plättchen in vier Farben, ein Würfelset (0-9-Würfel, 00-90-Würfel, 000-900-Würfel, 0000-9000-Würfel) und zwei 0-9-Würfel.

www.easy-maths-set.com

Schlusswort

Legasthene Kinder brauchen eine spezielle Hilfestellung, um im Schulalltag bestehen zu können. Dass weder Eltern zuhause, auch nicht Lehrer im Rahmen des Unterrichtes in der Klasse, diesen speziellen Anforderungen immer gerecht werden können, ist eine Tatsache und hängt absolut nicht mit der Unfähigkeit der Beteiligten zusammen, sondern mit den individuellen Anforderungen, die ein legasthenes Kind stellt, wenn es das Schreiben, Lesen und Rechnen erlernen soll. Nicht nur eine spezielle Hilfe, sondern auch das Zusammenwirken der Kräfte führt schließlich zum Erfolg. In vielen Fällen ist natürlich auch eine außerschulische Hilfe unumgänglich, weil Eltern und Schule alleine nicht ausreichend helfen können.

In dem vorliegenden Arbeitsbuch wurde aufgezeigt, dass die Förderung unbedingt in allen Bereichen passieren soll, in denen legasthene Kinder Stolpersteine vorfinden. Die differenten Funktionen führen zur Unaufmerksamkeit, Fehler entstehen. Deshalb soll ein gezieltes Training in den Bereichen der Aufmerksamkeit, der Funktionen und der Symptomatik stattfinden. Nur wenn ein legasthenes Kind Übung im gezielten Lenken seiner Gedanken hat, seine Sinneswahrnehmungen durch Training verbessert hat und natürlich auch an seinen Fehlern gearbeitet wurde, wird für es das Schreiben, Lesen oder Rechnen nicht mehr zur Qual werden.

Es ist oft erschreckend, welche Unsicherheit und welcher Unsinn von „Fachleuten" in Zusammenhang mit Legasthenie verbreitet wird. Großer Schaden ist deshalb vielen betroffenen Kindern zugefügt worden. Lassen Sie sich durch solche Miesmacher bitte nicht verunsichern und helfen Sie Betroffenen! Der Ausspruch „Es wird schon werden!" hat schon viele legasthene Kinder daran gehindert, die Kulturtechniken zu erlernen. Jahrzehntelange Erfahrung hat gezeigt, dass diese Kinder gezielte Hilfe brauchen. Der Rat alleine, vermehrt das Schreiben, Lesen oder Rechnen zu üben, hat bei vielen Legasthenikern zu schweren psychischen Störungen geführt, da sich zu geringe Verbesserungen einstellen und der gewünschte Erfolg ausbleibt, der Frust aber immer größer wird.

Der umfangreiche praktische Teil im Anschluss soll alle Personen, die mit legasthenen Kindern trainieren, unterstützen und mithelfen, ein abwechslungsreiches Training gestalten zu können. Der Wille, sich das Erlernen des Schreiben, Lesens und/oder Rechnens zu erleichtern, und das Bewusstsein, dafür auch arbeiten zu müssen, muss aber von den betroffenen Kindern ausgehen!

Glossar

A

Adjektiv: Eigenschaftswort (Wiewort)

Adverb: Umstandswort

Adverbiale: Umstandsergänzung oder Umstandsangabe

Akkusativ: 4. Fall

Akkusativobjekt: Satzergänzung im 4. Fall

Aktiv: Tätigkeitsform bei Verben

Artikel: Begleiter eines Hauptwortes (bestimmter und unbestimmter Artikel)

Attribut: Beifügung zur näheren Bestimmung des Gliedkernes

D

Dativ: 3. Fall

Dativobjekt: Satzergänzung im 3. Fall

Deklination: Deklination/Deklinieren bedeutet die Beugung von Namen-, Eigenschafts-, Für-, Zahlwörtern in verschiedenen Fällen

Demonstrativpronomen: hinweisendes Fürwort

Doppellaut (=Diphthong): ai, ei, au, äu, eu

F

Finite Verbformen: bestimmte Zeitwortformen, Personalformen

Infinite Verbformen: unbestimmte Zeitwortformen wie der Infinitiv (die Grundform) und die Partizipien (die Mittelwörter der Gegenwart und der Vergangenheit)

Finitum: finites Verb, finiter Teil des zusammengesetzten Prädikats, Kern der Satzaussage

Flexion/Flektieren: flektieren heißt beugen und ist der Oberbegriff zu Deklination und Konjugation

Funktion: Aufgabe

Futur: Zukunftsform des Verbs

Futurum exactum: Vorzukunft

Fragepronomen: Fragefürwort

G

Genitiv: 2. Fall

Genitivobjekt: Satzergänzung im 2. Fall

Genus: grammatisches Geschlecht, welches nicht immer mit dem natürlichen Geschlecht übereinstimmt

Gliedsatz: Nebensatz in der Funktion eines Satzgliedes

Graphem: kleinste bedeutungsunterscheidende geschriebene Einheit, z.B. Buchstabe oder Buchstabengruppe

I

Imperfekt: 1. Vergangenheit, Präteritum

Imperativ: Befehlsform

Indefinitpronomen: unbestimmtes Fürwort

Indikativ: Wirklichkeitsform

Interrogativpronomen: fragendes Fürwort

Infinitiv: Nennform, Grundform des Verbs, des Zeitwortes, sie endet immer auf -en, Ausnahme: tun

Infinitivkonjunktion: Bindewort im Zusammenhang mit der Grundform

Interjektion: Ausrufewort

K

Kasus: Fall, in dem ein deklinierbares Wort stehen kann

Kausal: begründend

Kausaladverb: begründendes Umstandswort

Kausaladverbiale: begründende Umstandsangabe

Komparation: Steigerung des Adjektivs (des Wiewortes)

Konjugieren: Beugen eines Zeitwortes

Konjunktion: Bindewort (es gibt anreihende = kopulative Bindewörter, ausschließende = disjunktive Bindewörter, entgegensetzende = adversative Bindewörter, zeitliche = temporale Bindewörter, die Art und Weise bestimmende = modale Bindewörter und begründende = kausale Bindewörter)

Konjunktionalsatz: Nebensatz, der durch ein (unterordnendes) Bindewort eingeleitet wird

Konsonanten: Mitlaute: b, c, d, f, g, h, j, k, l, m, n, p, qu, r, s, t, v, w, x, y, z

L

Lokal: örtlich

Lokaladverb: Umstandswort des Ortes

Lokaladverbiale: Umstandsangabe des Ortes

M

Modal: die Art und Weise, das Wie betreffend

Modaladverb: Umstandswort der Art und Weise

Modaladverbiale: Umstandsangabe der Art und Weise

Modalverben: Gruppe von Verben, die die Aussage eines Satzes modifizieren

Morphem: kleinste bedeutungtragende Einheit eines Sprechsystems, z.B. Bau-er, lieb-te

N

Nachsilben: -heit, -ung, -keit, -bar, -sam, -tum etc.

Negation: Verneinung

Nomen: Namenwort, Hauptwort, Dingwort oder auch Substantiv

Nominativ: 1. Fall

Numerale: Zahlwort (bestimmte und unbestimmte Zahlwörter)

Numerus: Zahlform des Nomens oder Verbs = Oberbegriff für Singular und Plural

O

Objekt: Ergänzung im Satz

P

Partikel: Oberbegriff für Adverb, Konjunktion und Präposition

Partizip: Mittelwort, Partizip I = Mittelwort der Gegenwart, Partizip II = Mittelwort der Vergangenheit: wird für die Bildung von verschiedenen Zeiten gebraucht

Passiv: Leideform bei Verben, z.B.: Ich werde beschimpft.

Personalpronomen: persönliches Fürwort

Perfekt: 2. Vergangenheit

Phonem: kleinstes bedeutungsunterscheidendes Segment eines Sprachsystems, z.B. das a und u in „Hand" und „Hund"

Plural: Mehrzahl

Plusquamperfekt: 3. Vergangenheit

Possessivpronomen: besitzanzeigendes Fürwort

Prädikat: Satzaussage

Präposition: Verhältniswort

Präpositionaler Ausdruck: Ausdruck, der eine Präposition enthält, z.B.: mit dem Hammer, auf den Freund, auf dem Bahnhof

Präpositionalobjekt: Satzergänzung mit Präposition

Präsens: Gegenwart

Pronomen, allgemein: Fürwort

Pronominaladverb: Umstandswort, welches sich aus Adverb (wo(r), da(r), hier) und Präposition zusammensetzt, z.B.: wohin, worin, damit, darauf, hierher etc.

R

Reflexiv: rückbezüglich

Reflexivpronomen: rückbezügliches Fürwort

Relativpronomen: bezügliches Fürwort

Relativsatz: Nebensatz, der mit einem Relativpronomen oder Relativadverb eingeleitet wird

S

Satzfrage: Frage, die nur durch die Spitzenstellung des Zeitwortes erzeugt wird und die mit Ja oder Nein zu beantworten ist

Satzglieder: im Satz relativ frei verschiebbare Einheiten

Silben: Grundeinheiten des Wortes

Singular: Einzahl

Stammvokal: Hauptvokal, Hauptselbstlaut der Stammsilbe

Subjekt: Satzgegenstand

Substantiv: Hauptwort, Namenwort, Nomen

Substantivierung: Wort aus einer anderen Wortart wird zum Hauptwort gemacht

Syntax/syntaktisch: die Lehre vom Satz/den Satzbau betreffend

T

Temporal: zeitlich

Temporaladverb: Umstandswort der Zeit

Temporaladverbiale: Umstandsangabe der Zeit

U

Umlaute: ä, ö, ü

V

Verb: Zeitwort; Tunwort

Verbaladjektiv: Eigenschaftswort, welches von einem Verb abstammt, z.B.: machbarer/ einleuchtenter/festgelegter Plan etc.

Vokal: Selbstlaute, a, e, i, o, u

Vorsilben: un-, ver-, zer-, er-, miss-, be- usw.

W

Wortfrage: Frage, die durch ein Fragewort, z.B. wo, wer, warum, mit wem etc., eingeleitet wird und auf die man nicht mit Ja oder Nein antworten kann

Wortstamm: der Kern eines Wortes, z.B. „geb" im Verb geben.

Literaturverzeichnis

- Anderlik, Lore: Montessori – der Weg geht weiter. 2012.
- Andresen, Daniela; Haas Gerhard; Kunkel Peter-Christian: Ich lerne niemals Lesen und Schreiben. 2006.
- Backes, Sabine; Künkler, Nikola: Kompetent beobachten: Sehen - Verstehen - Handeln. Dokumentationsmappe mit Beobachtungsbögen und umfassendem Leitfaden zur Bildungsdokumentation. Für Kinder vom ersten Lebensjahr bis zum Schuleintritt. 2015.
- Baumgarten, Tanja: Geschichten mit Lauthäufung. 2015.
- Beins, Hans Jürgen; Cox, Simone: „Die spielen ja nur!?". 2001.
- Bertrand, Lucien; Eggert, Dietrich: RZI – Raum-Zeit-Inventar. 2002.
- Bliem, Siegfried: Knoten im Kopf. 2005.
- Breitfeld, Silke; Pangerl, Werner: Buchstabenlehrgang mit dem ABC-Zoo. 2002.
- Bremer, Judith: Einfach links schreiben. Praktischer Ratgeber für Eltern, Lehrer und Erzieher. 2010.
- Breuer, H.; Weuffen, M.: Lernschwierigkeiten am Schulanfang. 1993.
- Britton, Lesley: Mit Montessori spielen und lernen. 1999.
- Buca, Eveline: Spukefix hilft sehen. 2000.
- Buchner, Christina: Neues Lesen – neues Lernen. 2003.
- Buchner, Christina: Disziplin – Kein Schnee von gestern, sondern Tugend von morgen. 2006.
- Burger-Gartner, J. ; Heber, D: Auditive Verarbeitungs- und Wahrnehmungsleistungen bei Vorschulkindern. 2003.
- Burger-Gartner, Jutta; Heber, Dolores: Lautwahrnehmungstraining für Schulkinder im Alter von 6 bis 12 Jahren Identifikation – Differenzierung – Lokalisation von Lauten. 2014.
- Canori, Manon: Aufmerksam? Konzentriert? – Okay! 2008.
- Carlson, David: Ready, Set, Action. 2012.
- Clivers, Maria: A parent`s guide to Dyslexia and other learning difficulties. 1997.
- Cronin, Eileen M.: Helping your dyslexic Child. 1997.
- Diller, Lawrence H.: ADS & Co. Braucht mein Kind Medikamente? 2003.
- Doering, Waltraut; Doering, Winfried: Von der Sensorischen Integration zur Entwicklungsbegleitung. 2001.
- Dürre, Rainer: Legasthenie – das Trainingsprogramm für Ihr Kind. 2000.
- Dürre, Rainer: Rechenschwäche – das Trainingsprogramm für Ihr Kind. 2001.
- Dürre, Rainer; Dürre, Miriam: ADS, Legasthenie und Co. 2004.
- Ebhardt, Agnes: Fröhliche Wege aus der Dyskalkulie. 2002.
- Ebhardt, Agnes; Ebhardt, Frauke: Neue fröhliche Wege aus der Dyskalkulie. 2004.
- Eggert, Dietrich; Wegner-Blesin, Nicola: Ditka. Diagnostisches Inventar taktil-kinästhetischer Alltagshandlungen von Kindern im Vorschul- und Grundschulalter. 2000.
- Eggert, Dietrich: Theorie und Praxis der psychomotorischen Förderung. 2005.
- Eggert, Dietrich; Reichenbach, Christina: DIAS – Diagnostisches Inventar auditiver Alltagshandlungen. 2005.
- Erkert, Andrea: Spiele zur Sinnesförderung. 1999.

- Fischer, Burkhart: Wahrnehmungs- und Blickfunktionen bei Lernproblemen. Freiburg 2011.
- Fischer, Erhard: Wahrnehmungsförderung. 1998.
- Fischer-Olm, Anna: Alle Sinne helfen mit. 1998.
- Frank, Robert: The Secret Life of the Dyslexic Child. 2002.
- Freed, Jeffrey; Parsons, Laurie: Right Brained Children in a Left Brained World. 1998.
- Frostig Gesellschaft: Prävention von Lern- und Verhaltensstörungen im Kindergarten- und frühen Schulalter. 1999.
- Galaburda, Albert: Dyslexia and Development: Neurobiological Aspects of Extra-Ordinary Brains. 1993.
- Galaburda, Albert: The Languages of the Brain. 2002.
- Goddard Blythe, Sally: Greifen und BeGreifen: Wie Lernen und Verhalten mit frühkindlichen Reflexen zusammenhängen. 2013.
- Goldstein, Nicole; Quast, Marianne: ABC für die Sinne. 2003.
- Grissemann, Hans: Von der Legasthenie zum gestörten Schriftspracherwerb. 1996.
- Gröne, Berthold; Engl, Eva-Maria; Kotten, Anneliese; Ohlendorf, Ingeborg; Poser, Elfi: Bildmaterial zum Spracherwerb. 2000.
- Große-Lindemann, Irmtraud: Das Lernhaus-Konzept – genial einfach lernen im Alltag. 2008.
- Große-Lindemann, Irmtraud: Das Lernhaus-Konzept – genial einfach lernen im Alltag 111 Alltagssituationen kreativ nutzen. 2013.
- Hager, Christine: Legasthenie und Rechtschreibschwäche. Machen wir das Beste draus! 2007.
- Haider, Claudia: Lese-Rechtschreib-Training 1, Optik, Akustik, Raumorientierung, Serialität, Intermodalität. 2001.
- Haase, Peter (Hrsg.): Schreiben und Lesen sicher lehren und lernen. 2000.
- Heaton, Pat; Winterson, Patrick: Dealing with Dyslexia. 1996.
- Heinig, Jutta: Familie Pfeffer. Auf und davon. Lesebuch für legasthene Kinder. 2004.
- Heinzl, Claudia; Bartsch, Verena; Eckert, Isabel; Weinfurtner, Lisa: ProSL: Programm zum Sinnentnehmenden Lesen – auf der Grundlage der Blitzschnellen Worterkennung (BliWo). 2015.
- Hennigh, Kathleen Anne: Understanding Dyslexia. Teacher Created Materials. 1995.
- Herrmann-Strenge, Andrea: Laute Flaute, stiller Sturm. Praxisbausteine zum Hören und Hinhören. 2003.
- Höfkes, Anke; Trahe, Ursula; Trepte Anne: Alltagssituationen spielend meistern. 2002.
- Hohl-Brunner, Ursula: Buchstabensuppe und Zahlensalat. 2003.
- Hornsby, Beve; Shear, Frula: Alpha to Omega. 1993.
- Hornsby, Beve: Overcoming Dyslexia. 1996.
- Irlen, Helen: Lesen mit Farben. 1997.
- Iwansky, Rainer: Rechtschreiben o.k. – trotz LRS. 2001.
- Jackel, Birgit: Lustige Sinnesgeschichten für kleine und große Leute. 2003.
- Le Jackel, Birgit: Lernen, wie das Gehirn es mag. 2008.
- Junga, Michael: Spiel und Spaß mit Wörtern. 2000.
- Kahn, Bärbel: Philip kann wieder lachen – Wie Inklusion gelingen kann. 2014.
- Kannegießer-Leitner, Christel: Das ADS-Schnellprogramm für zu Hause. 2002.
- Keller, Georg: Körperkonzentriertes Gestalten und Ergotherapie. 2001.
- Kiesling, Ulla; Klein, Jochen (Hrsg.): Inge Flehmig – Sensorische Integration Ein bewegendes Leben für eine sinn-volle Kindheit. 2014.
- Kiphard, Ernst J.: Motopädagogik. 2001.
- Kiphard, Ernst J.: Wie weit ist ein Kind entwickelt? 2002.

- Kiesling, Ulla: Sensorische Integration im Dialog. 2000.
- Kiesling Ulla; Klein, Jochen: Inge Flehmig - Sensorische Integration. 2002.
- Klasen, Edith: The Syndrome of Specific Dyslexia. 1972.
- Klasen, Edith: Legasthenie, umschriebene Lese-Rechtschreib-Störungen. 1999.
- Köckenberger, Helmut: Hyperaktiv mit Leib und Seele. 2001.
- Kopp-Duller, Astrid: Legasthenie und LRS. Ein praktischer Ratgeber für Eltern. 2003.
- Kopp-Duller, Astrid: Der legasthene Mensch. 2017.
- Kopp-Duller, Astrid; Duller, Livia: Dyskalkulie im Erwachsenenalter. Praktische Hilfe bei Rechenproblemen. 2012.
- Kopp-Duller, Astrid; Pailer-Duller, Livia R.: Dyskalkulie - Training nach der AFS-Methode. 2013.
- Kopp-Duller, Astrid; Pailer-Duller, Livia R.: Legasthenie und Fremdsprache Englisch - Training nach der AFS-Methode. 2013.
- Kopp-Duller, Astrid; Pailer-Duller, Livia R.: Legasthenie-Dyskalkulie!? 2015.
- Kopp-Duller, Astrid; Duller, Livia: Legasthenie im Erwachsenenalter. Praktische Hilfe bei Schreib- und Leseproblemen. 2017.
- Kopp-Duller, Astrid; Pailer-Duller, Livia R.: Training der Sinneswahrnehmungen im Vorschulalter. 2017.
- Krowatschek, Dieter: ADS und ADHS - Diagnose und Training. 2003.
- Lentes, Simone: Spielerisch zur Sprache. 2007.
- Liepold Michaela; Ziegler Wolfram; Brendel Bettina: Hierarchische Wortlisten. 2002.
- Luger-Linke, Silvia: Legasthenie: Last oder Chance. 2004.
- Luger-Linke, Silvia: Rechenschwäche. 2005.
- Maaß, Silvia: Stärken entdecken - Schwächen erkennen. Ein Förderprogramm für Vorschulkinder. 2004.
- Mertens, Krista: Lernprogramm zur Wahrnehmungsförderung. 2001.
- Metzler, Beate: Hilfe bei Dyskalkulie. 2001.
- Michalak, Magdalena; Rybarczyk, Renata: Wenn Schüler mit besonderen Bedürfnissen Fremdsprachen lernen. 2015.
- Miles, Elaine: The Bangor Teaching System. 1998.
- Miles, T. R; Miles, Elaine: Help for Dyslexic Children. 1983.
- Milz, Ingeborg: Montessori-Pädagogik neuropsychologisch verstanden und heilpädagogisch praktiziert. 1999.
- Milz, Ingeborg: Neuropsychologie für Pädagogen. Neuropädagogik für die Schule. 2002.
- Müller, Michael: Gehirngerechte Rechtschreibstrategien. 2 Bände. 2002.
- Muth-Seidel, Despina (Hrsg.): Multimodale Aufmerksamkeits- und Gedächtnistrainings für Kinder von 4 bis 10 Jahren. 2008.
- Nickisch, Andreas; Heber, Dolores; Burger-Gartner, Jutta: Auditive Verarbeitungs- und Wahrnehmungsstörungen bei Schulkindern. 2001.
- Pagel, Karin: Jede/r lernt anders. 2000.
- Polivka, Eva: Die abenteuerliche Buchstabenreise des Prinzen Sahir. 2003.
- Pregl, Helga: Legasthenie 2000. 2000.
- Przemus, Angela; Richter, Uwe: Bilderwörterbuch für die Worterarbeitung, Band 1. 2012.
- Quante, Sonja: Was Kindern gut tut! 2003.
- Raschendorfer, Nicola: LRS-Legasthenie: Aus Fehlern wird man klug. 2004.
- Raschendorfer, Nicola, Zajicek, Sabine: Dyskalkulie – Wo ist das Problem? 2006.
- Reichenbach, Christina; Lücking, Christina: Diagnostik im Schuleingangsbereich. 2007.
- Reimann-Höhn, Uta: ADS- So stärken Sie Ihr Kind. 2001.
- Reimann-Höhn, Uta: Keine Angst vor Klassenarbeiten. 2003.

140

- Rieck, Gottlob: ABC zum Anmalen. 2002.
- Rieck, Gottlob: Lustige ABC - Geschichten. 2002.
- Riezinger, Beate: Legasthenieprävention. 1998.
- Rosenkötter, Henning: Neuropsychologische Behandlung der Legasthenie. 1997.
- Sassé, Margaret; McKail, Georges: Eltern „up to date". Crashkurs Kindliche Entwicklung. 2007.
- Schäfer, Ingrid: Graphomotorik für Grundschüler. 2001.
- Schenk-Danzinger, Lotte: Legasthenie. Zerebral-funktionelle Interpretation. Diagnose und Therapie. 1991.
- Schmidt, Marc: Gezielte Förderung lautsprachlicher Kompetenzen. 2012.
- Schönrade, Silke; Limbach, Raya: Die Abenteuer der Hexe im Buchstabenland. 2005.
- Schroeder, Anne: KLABAUTER Kleine Auf-Bau-Therapie. 2015.
- Schweizer, Laura: Benis Weg in die Verzweiflung. Biografie eines Legasthenikers. 2004.
- Selg, Manfred: Auch Du kannst Lesen und Schreiben lernen. 2013.
- Selikowitz, Mark: Dyslexia and Other Learning Difficulties - The facts. 1998.
- Shelhav-Silberbusch, Chava: Bewegung und Lernen. 1999.
- Shaywitz, Sally E.: Dyslexia: A scientific American article. 2002.
- Shaywitz, Sally E.: Overcoming Dyslexia. 2003.
- Sinnhuber, Helga: Sensomotorische Förderdiagnostik. 2000.
- Sinnhuber, Helga: Spielmaterial zur Entwicklungsförderung. 2005.
- Skrodzki, Klaus; Mertens, Krista: Hyperaktivität. 2000.
- Smith, Theodate Louise: The Montessori System in Theory and Practice; An Introduction to the Pedagogic Methods of Dr. Maria Montessori. 2010.
- Strydom, Jan; du Plessis, Susan: The Right to Read. 2000.
- Tallal, Paula; Galaburda, Albert; Von Euler, Curt: Temporal Information Processing in the Nervous System: Special Reference to The Orton Dyslexia Society: Annals of Dyslexia. Volume XXXIX. 1989.
- Trapmann, Hilde; Rotthaus, Wilhelm: Auffälliges Verhalten im Kindesalter. 2003.
- Venohr, Dorothee: Integrative Montessori-Pädagogik. 2002.
- Weichold, Bettina Irene: Bewegungsfluss. Atmung und Bewegung in Balance. 2001.
- Werth, Reinhard: Die Natur des Bewusstseins. 2010.
- Williams, Mary Sue; Shellenberger Sherry: Wie läuft eigentlich dein Motor? 2001.
- Wingert, Gordon; Vollmari, Helga; Legner, Bernadette: Entspannung-pur! 2015.
- Wischmeyer, Marietta: Das Finden der Sinne. 2000.
- Wurm, Roswitha; Marcini, Gabriele: Kinder fördern leicht gemacht. Akustikspiele – Richtige Reihen bilden. 2007.
- Wurm, Roswitha; Marcini, Gabriele: Akustikspiele – Richtig hören und verstehen. 2007.
- Zander, Gisela: Besser Englisch lernen trotz Lese-Rechtschreib-Schwäche. 2002.
- Zander, Gisela: LRS-Förderung im Englischunterricht. 2002.

Praxisteil

Vorlage für Trainingsaufzeichnungen

Schriftliche Aufzeichnungen sind sowohl für die Planung als auch für die praktische Ausführung des Legasthenietrainings, somit für den gesamten Trainingsverlauf, von großer Bedeutung.

Der Diagnostik folgt zuerst eine Grobplanung für etwa zwei Jahre in den drei Teilbereichen des AFS-Trainings:

Aufmerksamkeitstraining
Funktionstraining
Symptomtraining

Diese Aufzeichnungen müssen individuell die Problembereiche des Kindes, welche durch ein Testverfahren festgestellt worden sind, berücksichtigen. Die Erfahrung zeigt, dass keine Trainingsplanung der anderen gleicht! Die Grobplanung soll dem Trainer und den Eltern eine Übersicht der zu leistenden Arbeit ermöglichen. Es ist wichtig, dass die Eltern nicht nur zur Ergänzung der intensiven Arbeit des Legasthenietrainers herangezogen werden, sondern auch mit der Planung vertraut gemacht werden. Sie müssen stets darüber informiert sein, was in den Trainingsstunden vor sich geht. Wichtig ist auch die Information der Eltern über die etwaige Dauer des Trainings. Nicht selten trifft man nämlich auf illusorische Vorstellungen, besonders was den Zeitraum des Trainings anbelangt. Es ist eine ganz wichtige Anforderung an den Trainer, sowohl den Eltern als auch den betroffenen Kindern klarzumachen, dass ein Legasthenietraining immer von längerer Dauer sein muss, damit sich auch der gewünschte Erfolg dauerhaft einstellt. Der Grobplanung folgt die individuelle Planung der einzelnen Trainingseinheiten. Es ist unumgänglich, dass ein Legasthenietraining sich stets den wechselnden Gegebenheiten im Leben eines legasthenen Menschen anpasst. Große Umsicht, absolutes Einfühlungsvermögen und Flexibilität sind deshalb vom Trainer gefordert.

Für eine genaue Planung und Ausführung jeder einzelnen Trainingsstunde stehen die folgenden Vorlagen für Trainingsaufzeichnungen zur Verfügung. Darin sind alle relevanten Teilgebiete enthalten, um das Legasthenietraining dokumentieren zu können.

Name: _____ Datum: _____

Klasse: _____

AUFMERKSAMKEITSTRAINING										
FUNKTIONSTRAINING										
Übungen zur optischen Differenzierung										
Übungen zum optischen Gedächtnis										
Übungen zur optischen Serialität										
Übungen zur akustischen Differenzierung										
Übungen zum akustischen Gedächtnis										
Übungen zur akustischen Serialität										
Raumwahrnehmung: Raumorientierungsübungen										
Raumwahrnehmung: Körperschemaübungen										
SYMPTOMTRAINING										
ABC-Training										
ABC-Übungen										
Worterarbeitung										
Material										
Übungen zum Wortbild										
Übungen zum Wortklang										
Übungen zur Wortbedeutung										
Übungen mit der persönlichen Fehlerliste										
Übungen zum Namenwort/ Hauptwort										
Übungen zum Tunwort/ Zeitwort										
Übungen zum Wiewort/ Eigenschaftswort										

Trainingsaufzeichnungen

Name: _____ Datum: _____									
Klasse: _____									
Übungen mit dem Begleiter									
Übungen zum Fürwort									
Übungen zum Verhältniswort									
Übungen zum Bindewort									
Übungen zur Schärfung									
Übungen mit harten und weichen Konsonanten									
Übungen zur Groß– und Kleinschreibung									
Übungen mit Selbst-, Um– und Zwielauten									
Übungen zur Dehnung									
Übungen zu den Satzarten/ -formen									
Übungen mit Satzgliedern									
Übungen zur Zeichensetzung									
Lesetraining									
AFS-Lesetechnik									
Lesen mit der Schablone/ Farbe									
Lesen ohne Schablone									
Leises Lesen mit Sinnerfassung									
Rechentraining									
Übungen zur Symbolerarbeitung									
Übungen zum Zahlenraum									
Übungen zu den Grundrechenarten									
Übungen mit Sachaufgaben									
Trainingsaufzeichnungen									

Name: _____

Klasse: _____ Datum: _____

Training am Computer															
Übungsprogramm															
Übungen zum Funktionstraining															
Übungen zum ABC-Training															
Übungen zur Zahlensymbolik															
Symptomübungen															
Anmerkungen:															

Übungen und Arbeitsblätter

Den zahlreichen praktischen Tipps im theoretischen Teil folgen nun Hilfsmittel, Übungen und Arbeitsblätter. Sie sind auch alle auf der beiliegenden CD-Rom enthalten, damit man sie für den praktischen Gebrauch ausdrucken kann. Natürlich können die Arbeitsblätter, entsprechend den Copyrightbestimmungen, auch mit dem Kopierer vervielfältigt werden.

Beginnend mit den Aufmerksamkeitsübungen finden Sie in diesem praktischen Teil der Handreichung auch Übungen und Arbeitsblätter aus den verschiedenen Gebieten des Funktionstrainings sowie einige Hilfsmittel und Arbeitsblätter für das Symptomtraining. Im Symptomtraining, welches natürlich auch ein Grundlagentraining enthält, gilt der Grundsatz, immer auf die individuellen Bedürfnisse des jeweiligen Kindes einzugehen. Hier muss der Trainer auf den aktuellen Schulstoff Rücksicht nehmen.

Eine Einteilung der Arbeitsblätter und Übungen in Schwierigkeits- oder Altersstufen ist nicht erfolgt, da diese immer speziell für das jeweilige Kind vom Trainer zu treffen ist.

Viele der angegebenen Übungen und Arbeitsblätter können natürlich, indem die Aufgabenstellungen verändert werden, für anderweitige Gebiete des Funktionstrainings oder des Symptomtrainings verwendet werden. Genauso können Übungen des Funktionstrainings und des Symptomtrainings auch zur Verbesserung der Aufmerksamkeit beitragen. An dieser Stelle soll nochmals auf die weitreichende gegenseitige Durchdringung der drei Bestandteile der AFS-Methode hingewiesen werden. Speziell bei der praktischen Arbeit wird diese Tatsache sichtbar. Je besser diese Durchdringung beim jeweiligen Kind erfolgt, desto erfolgreicher wird das Training sein.

Aufmerksamkeitstraining

Funktionstraining

Optik

Optische Differenzierung	OD
Optisches Gedächtnis	OG
Optische Serialität	OS

Akustik

Akustische Differenzierung	AD
Akustisches Gedächtnis	AG
Akustische Serialität	AS

Raumwahrnehmung

Raumorientierung	RO
Körperschema	KS

Symptomtraining

Aufmerksamkeitstraining

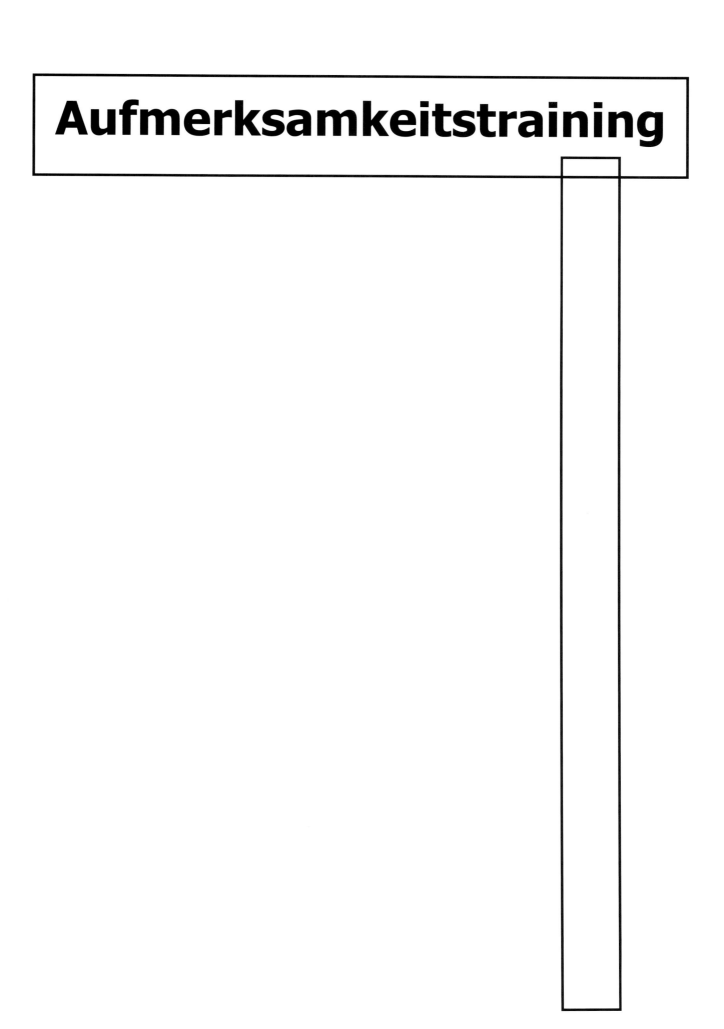

Übung 1

Das Kind bekommt vom Trainer verschiedene Formen vorgelegt und muss diese nach einer Vorlage zu verschiedenen Figuren zusammensetzen.

Übung 2

Das Kind sitzt aufrecht auf einem Stuhl und stellt beide Beine fest auf den Boden. Die Hände werden in den Schoß gelegt, wobei sich alle Fingerspitzen gegenseitig berühren. Die Augen werden geschlossen und die Zunge auf den Gaumen gelegt. Es wird nun ganz langsam und tief ca. 10 Mal durch die Nase ein- und ausgeatmet. Das Kind soll sich entspannen und an ein sehr schönes Erlebnis denken. Nach zehn Atemübungen macht das Kind die Augen auf und ist entspannt.

Übung 3

Das Kind setzt sich vor ein Fenster und blickt für ca. eine Minute ins Grüne. Das Kind soll später dem Trainer erzählen, woran es bei dieser Übung gedacht hat.

Übung 4

Der Schüler denkt ca. für eine Minute an eine bestimmte Farbe. Dann soll er seine Gefühle und Gedanken beschreiben.

Übung 5

Das Kind sitzt auf einem Stuhl nahe am Tisch und stützt sich mit beiden Ellbogen darauf. Dabei berühren die Fingerspitzen die Stirnbeinhöcker auf der linken und rechten Seite. Die Augen werden geschlossen und das Kind soll die Entspannung fühlen. Dabei könnte das Kind daran denken, wie es sich die nächsten 20 Minuten aufmerksam mit dem Training beschäftigen wird. Es könnte eventuell im Hintergrund Entspannungsmusik laufen.

Übung 6

Das Kind setzt sich bequem hin und spannt nacheinander jene Körperteile an, die ihm der Trainer vorgibt.

Übung 7

Der Trainer macht dem Kind verschiedene Gesichtsübungen vor, z.B.: die Stirn runzeln, die Lippen aufeinander pressen etc. Das Kind macht diese Übungen nach und entspannt seine Muskeln dann augenblicklich.

Übung 8

Das Kind setzt sich auf den Boden, zieht die Knie zum Körper und umfasst mit den Händen seine Knie. Dann macht das Kind einen runden Rücken und gibt den Kopf zu den Knien. Das Kind atmet ein und beim Ausatmen rollt es auf seiner Wirbelsäule nach hinten, holt etwas Schwung und kommt beim Einatmen wieder hoch zum Sitzen. Man schaukelt dann wie ein Schaukelstuhl hin und her.

Übung 9

Atemübungen:

- Das Kind beobachtet seinen Bauch beim Atmen. Der Bauch wird rund beim Einatmen und flach beim Ausatmen.
- Das Kind legt seine Hände auf den Bauch und spürt, wie sich der Bauch hebt und wieder senkt.
- Dem Kind werden verschiedene Dinge auf den Bauch gelegt und es beobachtet diese beim Atmen.
- Das Kind soll sitzend eine Kerze anblasen, ohne dass diese ausgeht.

Übung 10

Das Kind sitzt bei offenem Fenster im Raum und nimmt Geräusche von außen wahr, z.B.: Vögel, Straßenlärm etc. Das Kind beschreibt dem Trainer dann, was es gehört hat.

Übung 11

Der Trainer ordnet verschiedene Gegenstände im Raum an und der Schüler bekommt die Gelegenheit, sich die Anordnung einzuprägen. Der Schüler schließt die Augen und der Trainer vertauscht in der Zwischenzeit die Gegenstände. Der Schüler soll dann erkennen, was sich verändert hat.

Übung 12

Das Kind soll die Augen schließen und sich auf eine Fantasiereise begeben. Im Hintergrund läuft Entspannungsmusik. Später soll das Kind dem Trainer beschreiben, was es alles erlebt hat.

Übung 13

Der Schüler setzt sich entspannt auf seinen Stuhl, winkelt die Beine leicht an und legt die Handflächen auf die Oberschenkel. Das Kind atmet ein, hält die Luft an, atmet aus, hält wieder die Luft an, atmet wieder ein etc. Dann neigt das Kind den Kopf langsam nach vorne, dann zurück, nach rechts und nach links. Dann wird wieder geatmet. Dieser Vorgang wird öfters wiederholt.

Übung 14

Mit drei tiefen Atemzügen entspannt sich das Kind. Das Kind checkt sich von oben nach unten durch und beschreibt, wie sich seine Körperteile anfühlen. Es soll seine Gefühle in Sätze verwandeln, z.B.: Meine Stirn ist ganz heiß.

Übung 15

Das Kind balanciert auf seiner Hand einen Stab, auf dem an einem Ende ein farbiges Band befestigt ist. Das Kind soll nun versuchen, seine Gedanken auf das Band hinzulenken.

Übung 16

Der Trainer zeichnet im dunklen Raum mit dem Licht einer Taschenlampe eine liegende Acht an die Wand. Das Kind soll mit seinen Augen das Licht verfolgen.

Übung 17

Aufgehende Blume:

Das Kind faltet die Hände und schließt seine Augen. Beim Einatmen weitet sich der Bauch. Das Kind öffnet seine Hände wie eine Blüte, nur die Handwurzeln bleiben miteinander verbunden. Beim Ausatmen sinkt der Bauch wieder und die Handflächen schließen sich. Diese Übung wird öfters wiederholt.

Übung 18

Zum Rhythmus der Musik werden dem Kind verschiedene kleine Überkreuztänze vorgeführt. Das Kind soll diese so gut wie möglich nachahmen.

Übung 19

Schneemann:

Das Kind steht im Raum und »schmilzt«.
Es wird immer kleiner und kauert sich
zusammen wie ein Schneemann, wenn
er schmilzt.

Übung 20

Das Kind schließt seine Augen und stellt sich vor, dass
seine Nase ein Bleistift ist. Es schreibt nun Wörter,
seinen eigenen Namen oder Zahlen in die Luft. Das
Kind soll nach der Übung spüren, wie gelockert Hals
und Nacken sind.

Funktionstraining

Optik

Optische Differenzierung

OD

Arbeitsblatt OD 1

Ordne die Zahlen den Bildern richtig zu.

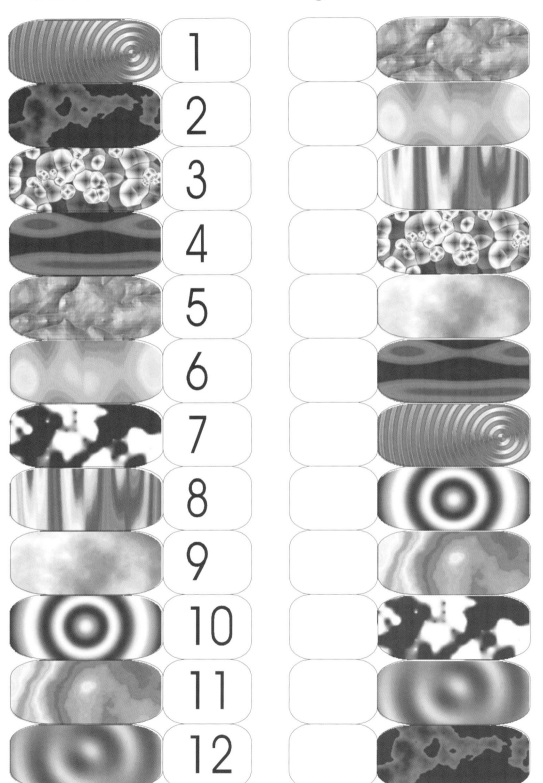

Arbeitsblatt OD 2

Ordne den Bildern die richtigen Zahlen zu.

Arbeitsblatt OD 3

Ordne den Brüchen die richtigen Zahlen zu.

$\frac{3}{4}$	1	$\frac{3}{8}$	$\frac{1}{5}$	1	$\frac{1}{4}$
$\frac{4}{5}$	2	$\frac{1}{4}$	$\frac{1}{8}$	2	$\frac{5}{8}$
$\frac{1}{6}$	3	$\frac{1}{8}$	$\frac{1}{3}$	3	$\frac{3}{8}$
$\frac{1}{3}$	4	$\frac{2}{3}$	$\frac{1}{16}$	4	$\frac{1}{8}$
$\frac{1}{5}$	5	$\frac{1}{3}$	$\frac{5}{8}$	5	$\frac{1}{5}$
$\frac{5}{8}$	6	$\frac{4}{5}$	$\frac{1}{4}$	6	$\frac{1}{3}$
$\frac{1}{2}$	7	$\frac{1}{6}$	$\frac{3}{8}$	7	$\frac{3}{4}$
$\frac{2}{3}$	8	$\frac{1}{16}$	$\frac{3}{4}$	8	$\frac{1}{16}$
$\frac{1}{4}$	9	$\frac{3}{4}$	$\frac{1}{2}$	9	$\frac{2}{3}$
$\frac{3}{8}$	10	$\frac{1}{2}$	$\frac{2}{3}$	10	$\frac{4}{5}$
$\frac{1}{8}$	11	$\frac{5}{8}$	$\frac{4}{5}$	11	$\frac{1}{6}$
$\frac{1}{16}$	12	$\frac{1}{5}$	$\frac{1}{6}$	12	$\frac{1}{2}$

Arbeitsblatt OD 4

Ordne den Buchstaben die richtigen Zahlen zu.

A	1	J	M	1	Q
I	2	K	O	2	Z
C	3	D	L	3	J
K	4	A	Q	4	P
F	5	H	J	5	Y
B	6	I	N	6	M
L	7	E	Y	7	L
G	8	B	P	8	L
D	9	C	Z	9	F
J	10	G	F	10	O
E	11	F	L	11	X
H	12	L	X	12	N

Arbeitsblatt OD 5

Such die drei Unterschiede auf dem rechten Bild.

Such die drei Fehler auf dem rechten Bild.

Arbeitsblatt OD 7

Such die drei Unterschiede auf dem rechten Bild.

Arbeitsblatt OD 8

Such die Fehler auf dem rechten Bild.

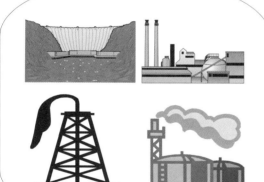

Such die Fehler auf dem rechten Bild.

Arbeitsblatt OD 10

Ordne die Insekten nach Spinnen, Heuschrecken und Ameisen. Trag die Kistennummer in die Kästchen unter den Krabbeltierchen ein.

Kiste 1 = Ameisen
Kiste 2 = Spinnen
Kiste 3 = Heuschrecken

Ordne die Pfeile in die richtigen Kisten ein. Trag die Kistennummer in die Kästchen unter den Pfeilen ein.

Kiste 1 =

Kiste 2 =

Kiste 3 =

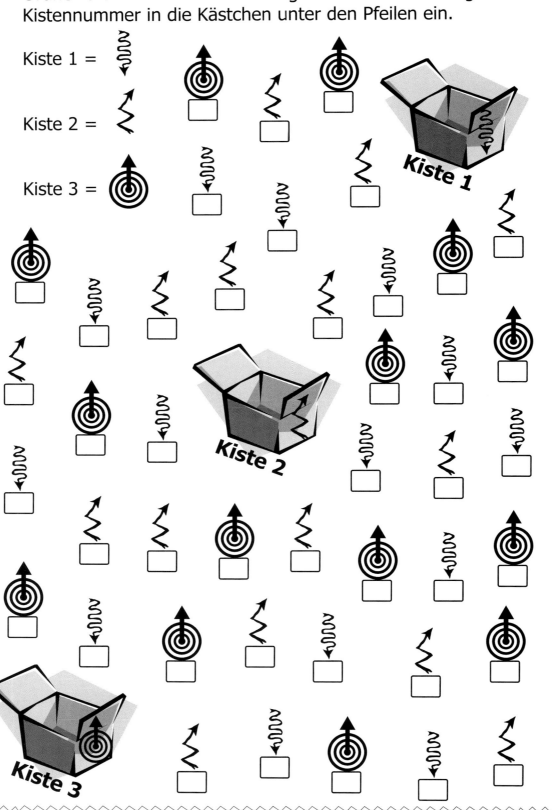

Arbeitsblatt OD 12

Such das eingekreiste Bild.

Such den versteckten Satz und schreib ihn auf.

Arbeitsblatt OD 14

Such das eingekreiste Bild.

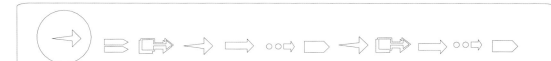

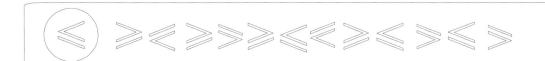

Arbeitsblatt OD 15

Such die versteckten Wörter und schreib sie auf.

_____

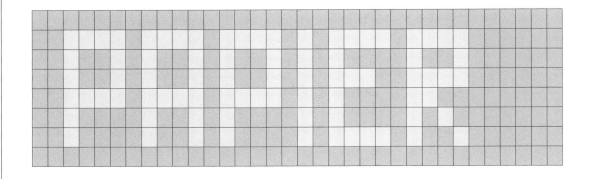

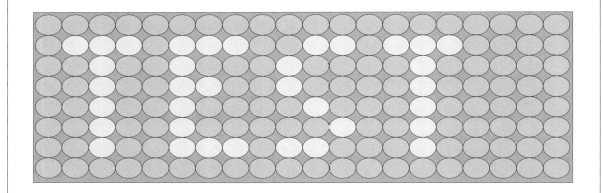

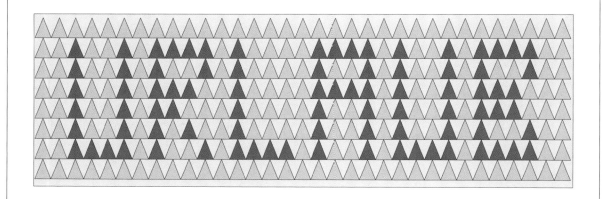

Arbeitsblatt OD 16

Such den hellsten Stern und markier ihn.

Such den dunkelsten Stern und markier ihn.

Arbeitsblatt OD 17

Such das Quadrat, in dem der fünfte Kreis von innen gezählt fehlt, und markier es.

Such in den Ellipsen eine kleinere, die schwarz und in der Mitte ist.

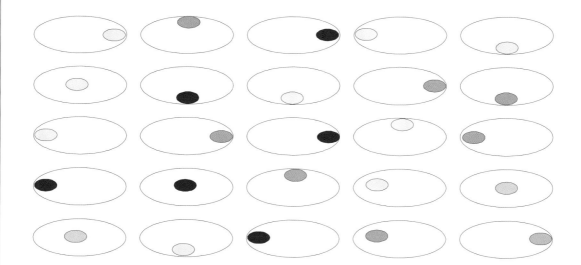

Legasthenie - Training nach der AFS-Methode © 2017 DRC AG

Arbeitsblatt OD 18

Such die 1 und kreis sie ein.

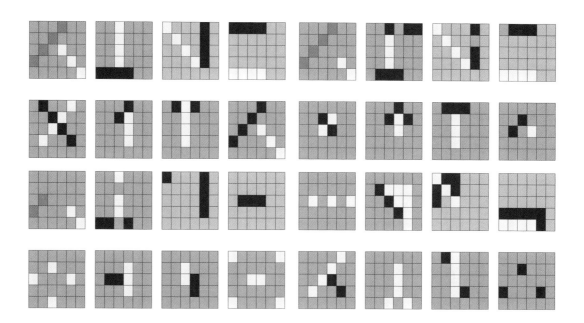

Such zwei verschiedenfarbige Linien, die senkrecht verlaufen, und kreis sie ein.

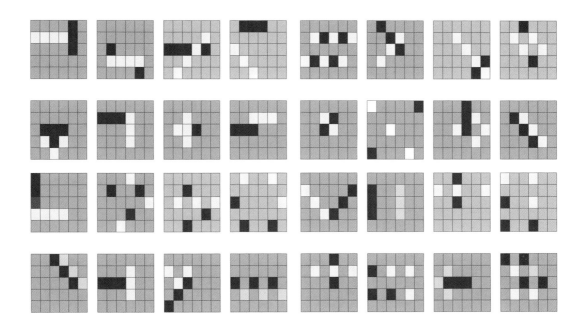

Arbeitsblatt OD 19

Vergleich die jeweils untereinanderliegenden Bilder miteinander. Welches davon ist nicht gleich?

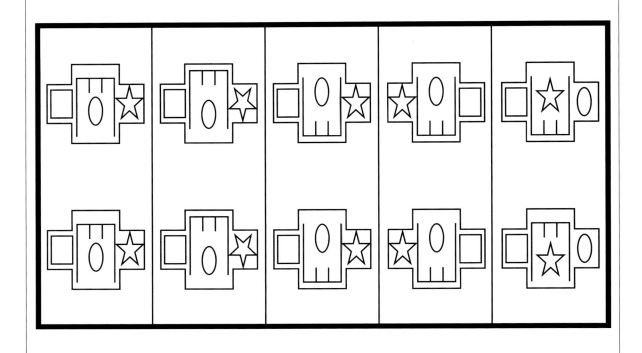

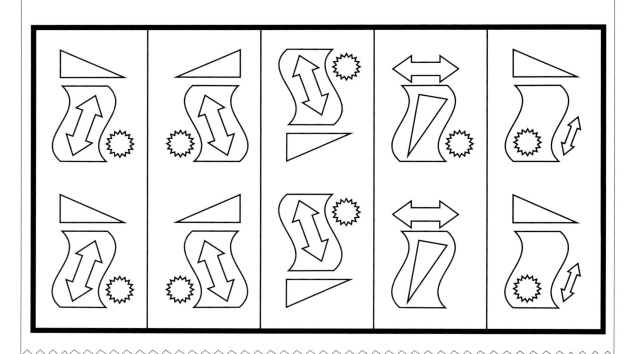

Arbeitsblatt OD 20

Kreis jene Kämme ein, denen zwei Zacken fehlen, und streich jene Kämme durch, denen fünf Zähne fehlen.

Arbeitsblatt OD 21

Verbinde die Bilder mit den dazugehörigen Begriffen.

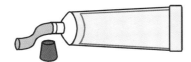

**nähen
telefonieren
bügeln
laufen
föhnen
kämmen
lesen
hören
Zähne putzen
trinken
fernsehen**

Arbeitsblatt OD 22

Beantworte die Fragen und trag die unterstrichenen Begriffe in die richtigen Kästchen ein.

A:

B:

C:

D:

1.) Auf welchem Bild kommt ein **Mädchen** vor, das Blumen gießt?_____

2.) Auf welchem Bild kommt ein **Mann** vor, der Flöte spielt?

_____

3.) Auf welchem Bild kommt eine **Katze** vor, die auf Buchstaben sitzt?_____

4.) Auf welchem Bild kommt ein **Esel** vor?

_____

Beantworte die Fragen und trag die unterstrichenen Begriffe in die richtigen Kästchen ein.

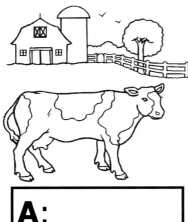

A:

B:

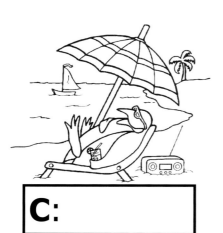

C:

D:

1.) Auf welchem Bild kommt eine **<u>Hexe</u>** vor, die auf einem Besen reitet?_____

2.) Auf welchem Bild kommt eine **<u>Kuh</u>** vor?

_____

3.) Auf welchem Bild kommt ein **<u>Mädchen</u>** vor, das einen Regenschirm in der Hand hält?_____

4.) Auf welchem Bild kommt ein **<u>Pinguin</u>** vor?

_____

Beantworte die Fragen und trag die unterstrichenen Begriffe in die richtigen Kästchen ein.

A:

B:

C:

D:

1.) Auf welchem Bild kommt ein **<u>Clown</u>** mit einem Regenschirm vor?_____

2.) Auf welchem Bild kommt eine **<u>Kiste</u>** vor?
_____

3.) Auf welchem Bild kommt ein **<u>Clown mit 6 Bällen</u>** vor?
_____

4.) Auf welchem Bild kommt ein **<u>Kind</u>** mit Bällen vor?
_____

Arbeitsblatt OD 25

Ordne jeweils die oberen Kästchen den unteren zu.

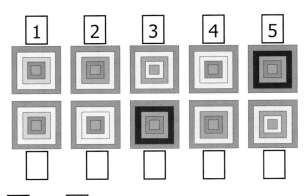

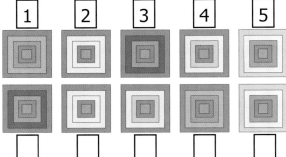

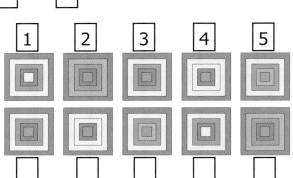

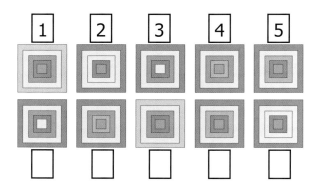

Arbeitsblatt OD 26

Ordne jeweils die oberen Kästchen den unteren zu.

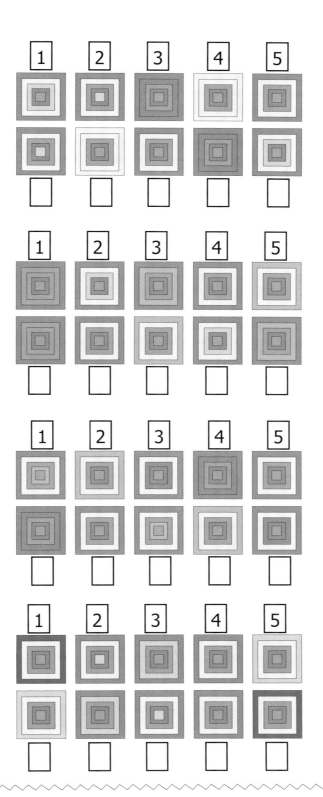

Arbeitsblatt OD 27

Ordne jeweils die oberen Kästchen den unteren zu.

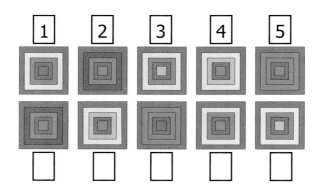

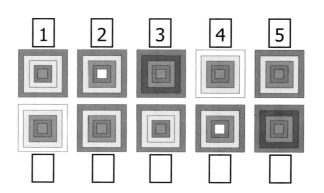

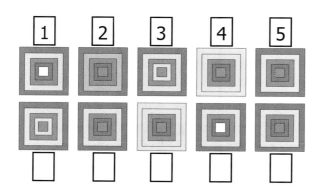

Arbeitsblatt OD 28

Vergleich die jeweils untereinanderliegenden Bilder miteinander. Welches davon ist nicht gleich?

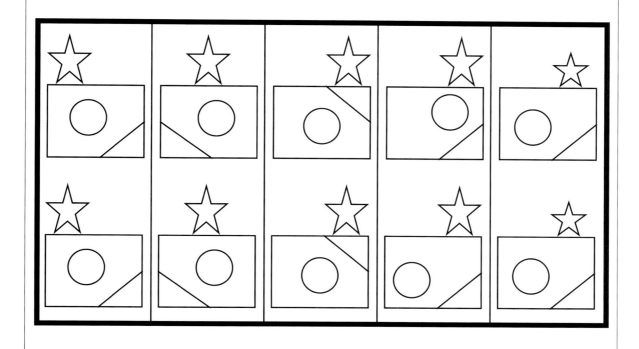

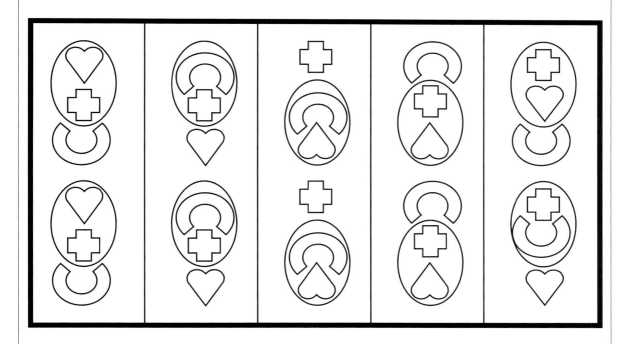

Arbeitsblatt OD 29

Kreis alle **sch** rot und alle **ch** blau ein.

ch

scc

sss   scc

sch   sch   sch

ch   sch

ch   ch   sch

sch   sss

ca

ch   ch   ch

sch   ch

ch   scc

ch   scc   sch

sch

ch   scc

sch   sss   sch

sch   sss   ch

ch   ch   sch

sch   ch

scc   sch

sch   ca   ch

sss   ch   sch

ch   scc

sch   ch

scc   sch

ch   ca

sch   ch

ch

sch   sch

sss   ch

ca   sch

sch   scc   ch   ch

sch   sch

ca   ch

sss   scc   ca   ch

Kreis das Wort ein, welches zu den Gegenständen passt.

böse   hoch   klebrig

gemütlich   krank   kalt

holzig   weiß   kariert

lustig   warm   scharf

rund   eckig   lang

Bei jedem Bild befindet sich ein Einzahl- und ein Mehrzahlwort. Such sie, kreis die Einzahlwörter blau und die Mehrzahlwörter gelb ein.

X T E L E F O N H J
D G Z J O S E O V B
T E L E F O N E L Ö

B A N A N E K D G H
M N I B A N A N E N
F T J I L P C A F B H

H E R S C H E R E I
S C H E R E N J L K
F G J U E R S V W I

F S B E T A S S E H
T A S S E N H J S A
Q W E T R G F H Y

H K R F K T L D S R
S S C H L Ö S S E R
S C H L O S S D F J

Arbeitsblatt OD 32

Such alle ß aus den Kreisen heraus und fahr jedem einzelnen ß nach.

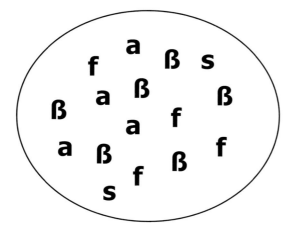

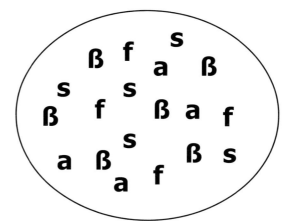

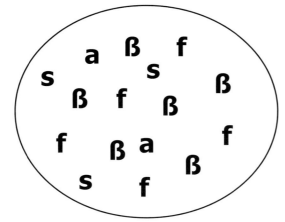

Trag die Wörter in die Liste ein.

der Schuss

der Schoß

die Nuss

der Gruß

die Straße

der Kuss

der Fuß

der Fluss

ss   **ß**

_____   _____

_____   _____

_____   _____

_____   _____

Kannst du die gespiegelten Wörter lesen? Schreib sie auf die Linien.

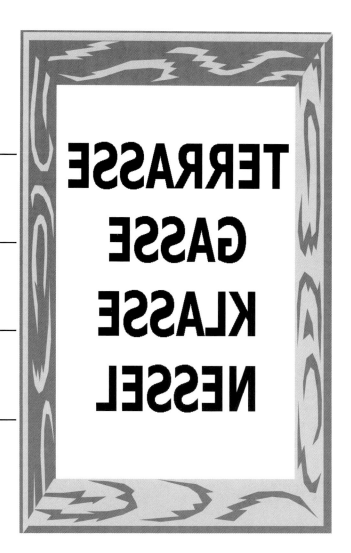

_____

_____

_____

_____

Arbeitsblatt OD 35

Trag die Buchstaben - ihrer Anzahl nach - unten in die Kästchen ein. Zeichne den Begriff dann in den Kreis.

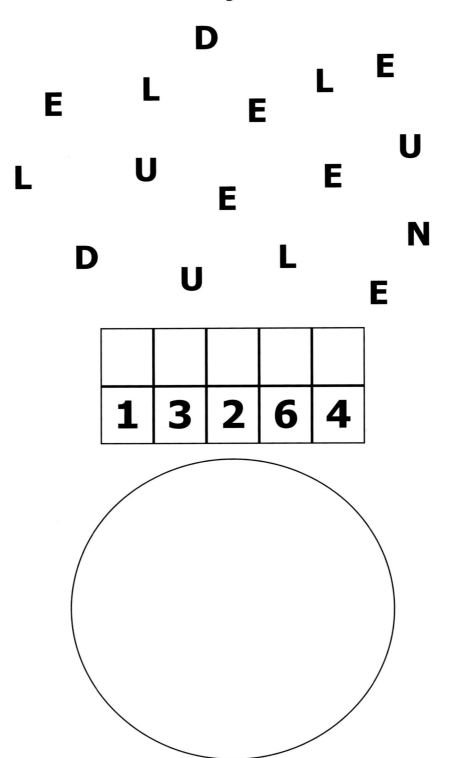

Kreis alle ck, die du am Baum findest, mit einem Stift ein.

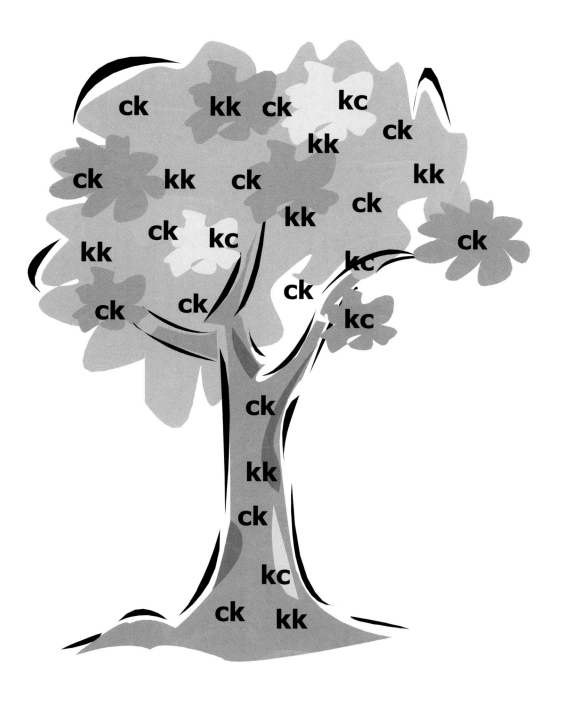

Funktionstraining

Optik

Optisches Gedächtnis

OG

Arbeitsblatt OG 1

Merk dir die Bilder und die dazugehörigen Begriffe, anschließend wird das Blatt umgedreht. Nun wiederhole die Wörter.

Eule

Pilot

Läufer

Kirche

Zirkusdirektor

Sängerin

Arbeitsblatt OG 2

Präg dir die Bilder ein, anschließend wird das Blatt umgedreht. Welche Begriffe schreibt man ohne ß?

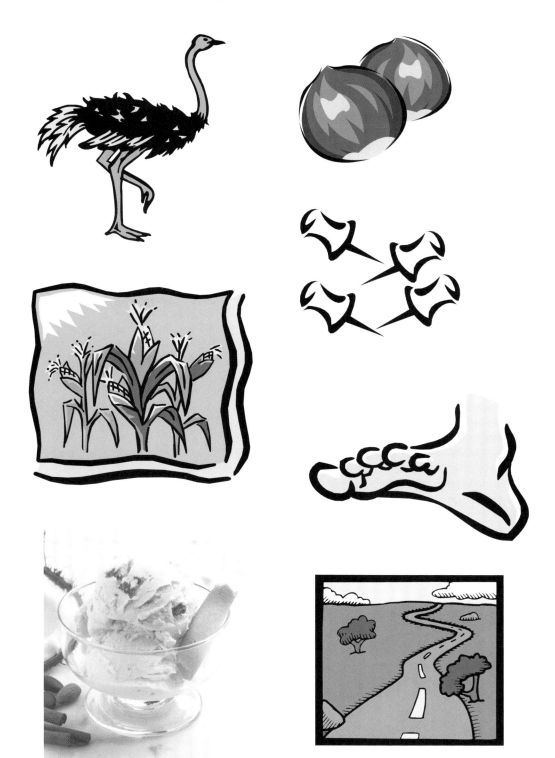

Arbeitsblatt OG 3

Präg dir die Buchstabenkombinationen ein, anschließend wird das Arbeitsblatt umgedreht. An welche Buchstabenkombinationen kannst du dich noch erinnern?

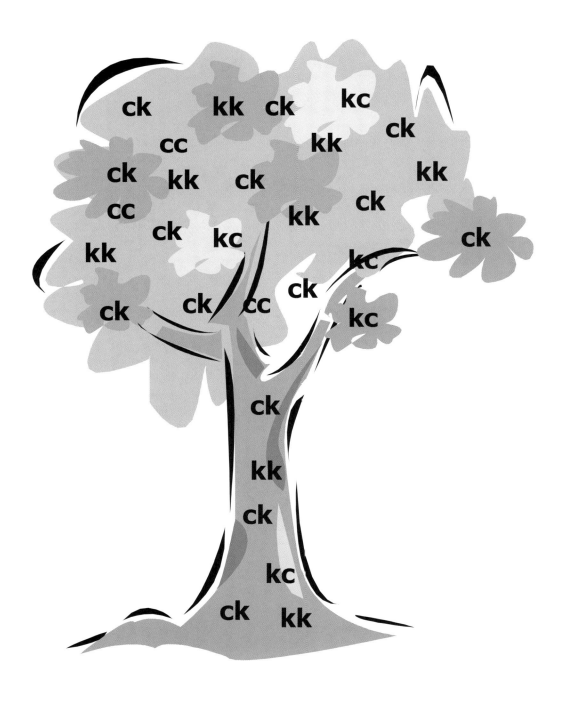

Arbeitsblatt OG 4

Betrachte die Bilder und lies die Wörter, die daneben-stehen. Anschließend wird das Blatt umgedreht. An welche Bilder kannst du dich erinnern und welches Wort passt dazu?

   **böse   hoch   klebrig**

   **gemütlich   krank   kalt**

   **holzig   weiß   kariert**

   **lustig   warm   scharf**

   **rund   eckig   lang**

Trag die Wörter richtig in die Liste ein. Dreh das Arbeitsblatt um, wiederhol die Wörter.

der Schuss

der Schoß

die Nuss

der Gruß

die Straße

der Kuss

der Fuß

der Fluss

ss   **ß**

_____   _____

_____   _____

_____   _____

_____   _____

1. Verbinde die Bilder mit den dazugehörigen Begriffen. Dreh das Blatt um. Welche Bilder hast du dir gemerkt?
2. Lies die untenstehenden Wörter, dreh das Blatt um. Welche Wörter hast du dir gemerkt?

nähen
telefonieren
bügeln
laufen
fliegen
tauchen
kämmen
lesen
hören
Zähne putzen
trinken
fernsehen

Ergänz richtig P oder B und dreh dann das Blatt um. Welche Worte hast du dir gemerkt?

TO__F

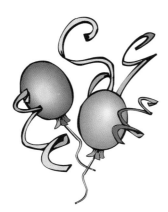

__ALLONS

__FANNE

__INSEL

__RIEF

GRA__

__ROT

Arbeitsblatt OG 8

Trag die Anfangsbuchstaben der kleinen Abbildungen in die
Kästchen ein. Schreib das Wort dann unten auf die Zeile.
Dreh das Blatt um. Welche Bilder hast du dir gemerkt?

Arbeitsblatt OG 9

Such die Wörter zu den Bildern. Dreh das Blatt um und schreib alle Wörter, die du dir gemerkt hast, auf.

S	O	N	N	E	K	A	A
S	F	I	S	C	H	N	U
Y	O	X	U	E	A	A	T
E	N	T	E	V	N	M	O
Z	O	E	N	D	K	O	S
B	B	L	U	M	E	N	V
S	Q	E	N	E	R	D	A
F	P	F	L	H	A	H	N
S	R	O	I	B	A	U	M
H	U	N	D	E	G	A	H

Legasthenie - Training nach der AFS-Methode © 2017 DRC AG

Such die Wörter zu den Bildern. Dreh das Blatt um und schreib alle Wörter, die du dir gemerkt hast, auf.

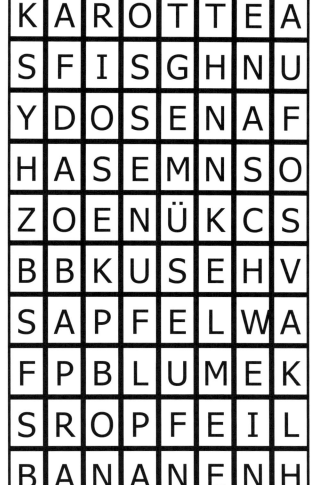

K	A	R	O	T	T	E	A
S	F	I	S	G	H	N	U
Y	D	O	S	E	N	A	F
H	A	S	E	M	N	S	O
Z	O	E	N	Ü	K	C	S
B	B	K	U	S	E	H	V
S	A	P	F	E	L	W	A
F	P	B	L	U	M	E	K
S	R	O	P	F	E	I	L
B	A	N	A	N	E	N	H

Verbinde die Bilder mit ihren Namen. Dreh das Blatt um,
schreib die Wörter, die du dir gemerkt hast, auf.

Verbinde die Bilder mit ihren Namen. Dreh das Blatt um, schreib die Wörter, die du dir gemerkt hast, auf.

Ordne die Buchstaben der Reihe nach den Bildern zu, dreh das Blatt um und nenn die Wörter.

E L P
M A

T E O
R T

T L E
E S
I F

E E N
T

S E
O H

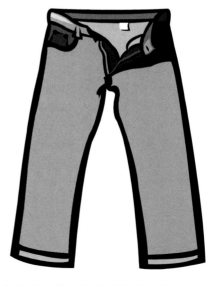

Ordne die Buchstaben der Reihe nach, dreh das Blatt um und nenn die Wörter (Lebensmittel).

Setz die Tiernamen zusammen. Dreh das Blatt um und schreib die Wörter auf.

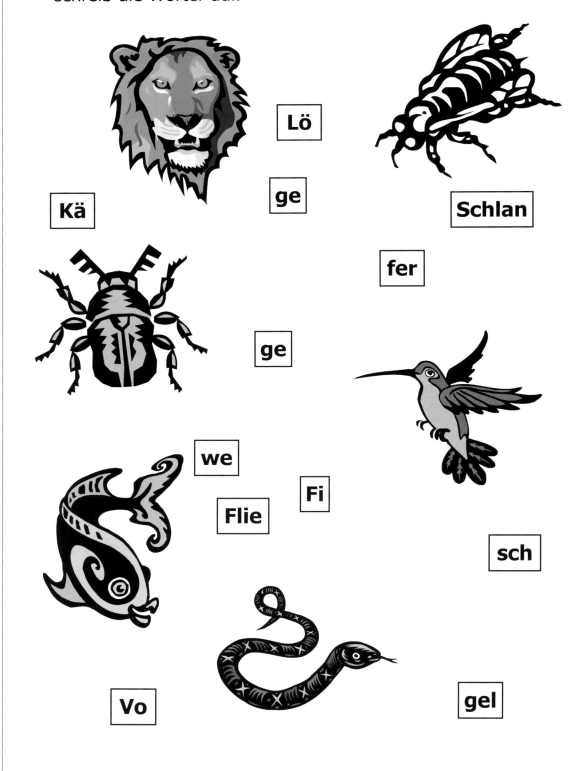

Vervollständig das ABC. Dreh das Blatt um. Zähl die Buchstaben auf, die du ergänzt hast.

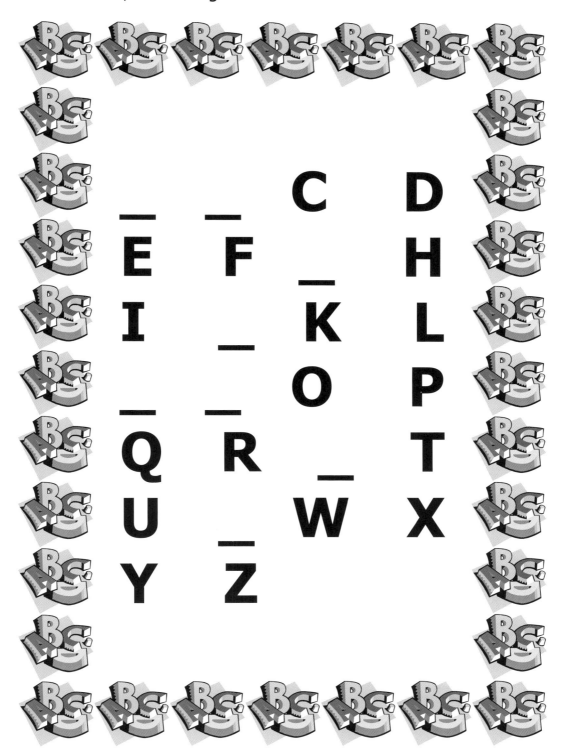

Funktionstraining

Optik

Optische Serialität   **OS**

Arbeitsblatt OS 1

Welcher Buchstabe fehlt?

__FANNE

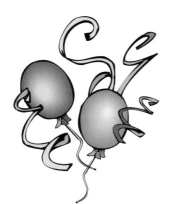

__ALLONS

TO__F

__INSEL

__RIEF

GRA__

__ROT

Legasthenie - Training nach der AFS-Methode © 2017 DRC AG

Arbeitsblatt OS 2

Trag die Anfangsbuchstaben der kleinen Abbildungen in die
Kästchen darunter ein. Schreib das Wort dann unten auf
die Zeile.

Such die Wörter zu den Bildern und setz den fehlenden Buchstaben ein.

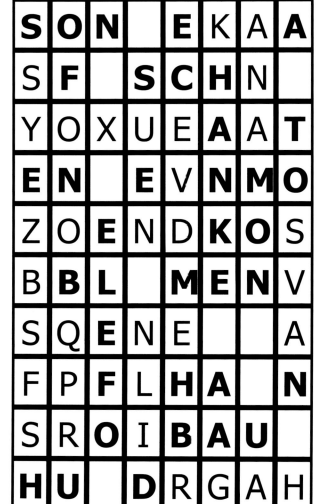

S	O	N		E	K	A	A
S	F		S	C	H	N	
Y	O	X	U	E	A	A	T
E	N		E	V	N	M	O
Z	O	E	N	D	K	O	S
B	B	L		M	E	N	V
S	Q	E	N	E			A
F	P	F	L	H	A		N
S	R	O	I	B	A	U	
H	U		D	R	G	A	H

Setz den fehlenden Buchstaben ein und mal das gefundene Wort an.

	A	R	O	T	T	E	A
S	R	I	S	G	H	N	U
Y		O	S	E	N	A	F
H	A	S		M	N	S	O
Z	O	E	N		K	C	S
B	B	K	U	S	E	H	V
S	A		F	E	L		A
F	P	B	L		M	E	K
S	R	O	P		E	I	L
	A	N	A	N	E	N	H

Verbinde die Bilder mit ihren Namen und setz den fehlenden Buchstaben ein.

Ro_en

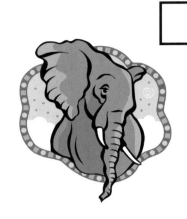

Fr_sch

Sch_ange

Bau_

Schil_kröte

Elefan_

Legasthenie - Training nach der AFS-Methode © 2017 DRC AG

Verbinde die Bilder mit ihren Namen und setz den fehlenden Buchstaben ein.

_isch

_amel

_und

_uh

_ferd

_atze

Ordne die Buchstaben und schreib das Wort auf.

E L P
M
A

_____

T E O
R T

_____

T L E
E S
I F

_____

S
O E
H

_____

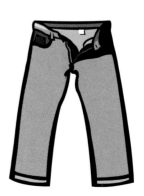

Ordne die Buchstaben und finde heraus, was sich in den Säcken befindet (Nahrungsmittel).

Setz die Tiernamen zusammen.

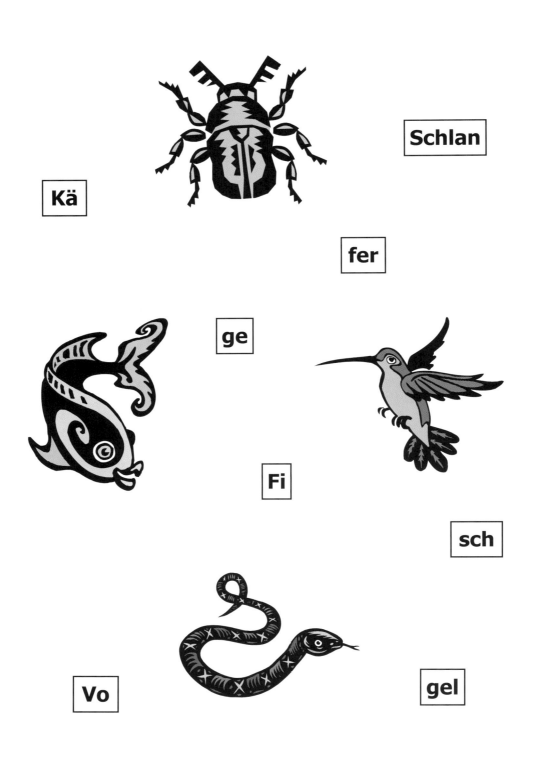

Schlan

Kä

fer

ge

Fi

sch

Vo

gel

Vervollständig das ABC.

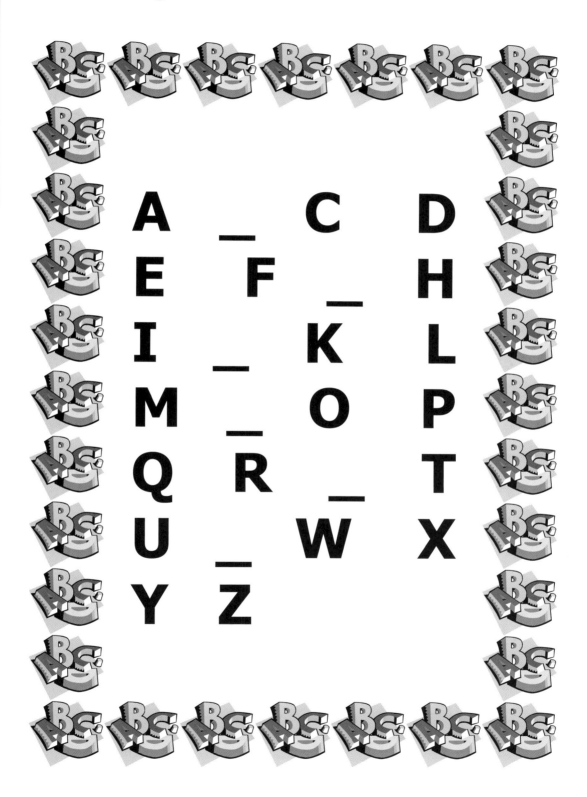

A _ C D
E _F _ H
I _K _ L
M _ O P
Q _R _ T
U _W X
Y _Z_

Funktionstraining

Akustik

Akustische Differenzierung

AD

Übung AD 1

Dem Kind werden verschiedene Geräusche, z.B. Klatschen, Zischen, Schnippen, Stampfen, Summen etc. vorgemacht. Eines dieser Geräusche muss doppelt vorkommen. Die Aufgabe des Kindes ist es nun, dieses Geräusch zu erkennen und zu benennen.

Übung AD 2

Material: Bilder von Reimwörtern, auf der Hinterseite dieser Bilder steht das Wort dieser Abbildung (nur für offenes Gedächtnisspiel).

Die Kärtchen werden auf dem Tisch verteilt und dann wird das Spiel gespielt.
Das Kind soll nun die Reimpaare finden. Hat es ein Paar entdeckt, darf es dieses behalten. Für das umgedrehte Gedächtnisspiel verwendet man einen nicht beschrifteten Kartensatz.

Übung AD 3

Gruppenspiele:

1.) Material: Je zwei Filmdosen, mit verschiedenen Materialien gefüllt.

Die Kinder sollen die verschiedenen Geräusche, die sich durch den Inhalt der Dosen ergeben, unterscheiden. Filmdosen eignen sich dafür sehr gut, da die Kinder diese öffnen und somit ihre Angaben überprüfen können.
Die Dosen werden durchgemischt. Jedes Kind bekommt eine Dose und soll nun anhand der Geräusche seiner Dose seinen Partner finden.

2.) Der Trainer spricht einen Satz vor. Jedes Kind bekommt vom Trainer leise eine individuelle Aufgabe, wie dieser Satz der Gruppe vorzustellen ist (z.B.: lachend, traurig, zornig etc.). Die anderen Kinder haben nun die Aufgabe, die Vorgabe zu erraten.

Übung AD 4

Dem Kind wird ein Hauptwort vorgesprochen und es versucht, mit dem letzten Buchstaben des Wortes ein neues Hauptwort zu bilden. Um das ganze interessanter zu gestalten, kann man zuvor verschiedene Themenbereiche festlegen.

Z.B.: Tiere, Pflanzen, Küchengegenstände etc.

Übung AD 5

„Lang sucht kurz"

Material: Karten mit Wortpaaren (ein Wort mit einem langen Vokal, ein Wort mit einem kurzen Vokal).

Die Karten werden auf den Tisch gelegt. Der Trainer wählt eine Karte aus und spricht das Wort vor (z.B.: Haken), das Kind spricht nach und bestimmt, ob der Vokal des Wortes lang oder kurz ausgesprochen wird. Wenn sich das Kind für lang entscheidet, so muss es das Wort mit dem Kurzvokal dazu finden. Es findet hacken und das fertige Paar (Haken/ hacken) wird weggelegt. Das nächste Paar kommt an die Reihe. Trainer und Kind können sich abwechseln.

Übung AD 6

Verschiedene Wörter werden dem Kind dargeboten. Dies kann über Bildkarten, Schriftbilder oder reale Gegenstände geschehen. Das Kind ist nun aufgefordert, zu diesen Wörtern Reimwörter zu finden.

Z.B.: Mund/Hund, Fee/Tee etc.

Übung AD 7

Material: Karten mit den Buchstaben des ABC oder eine Drehscheibe mit dem ABC.

Ein Buchstabe wird entweder durch Drehen der Drehscheibe oder durch Ziehen einer Karte festgelegt. Das Kind bildet mit diesem Anfangsbuchstaben ein Wort. Danach muss das Kind den Anfangsbuchstaben durch einen anderen Buchstaben ersetzen und soll versuchen, ein Reimwort zu bilden. Mit Hilfe der Karten ist es für das Kind einfacher.

Das Spiel kann abgewandelt und auch schwieriger gestaltet werden, z.B.: Der bestimmte Buchstabe muss in einem Wort zweimal vorkommen.

Übung AD 8

Material: Kartontafel, 12 Bildkärtchen, davon sechs mit einem „p" oder „t" im Anlaut und sechs mit einem „b" oder „d" im Anlaut.

Die Bildkärtchen werden auf dem Tisch aufgelegt und vom Trainer sowie vom Schüler benannt.
Danach werden die Kärtchen nochmals benannt, wobei zur Lautdifferenzierung die Hand vor den Mund gehalten wird (Bei „p" oder „t" den Luftstrom fühlen! Zur Unterstützung kann man auch versuchen, bei der Artikulation eine kleine Papierkugel wegzublasen).

Später sollen die Bildkärtchen vom Schüler geordnet werden.

Übung AD 9

Den eigenen Namen aus einer Namenreihe heraushören:
Verschiedene Vornamen werden dem Kind vorgelesen und
sein eigener Name darin versteckt. Hört das Kind seinen
eigenen Namen, soll es mit der Hand auf den Tisch klopfen.
Z.B.: Hubert, Susi, --x--, Paul, Michael, Nina, --x-- etc.
--x-- = Kindername

Christoph   Harald   Inge   Susi   Michaela

Robert   Peter   Lilli

Übung AD 10

Ein immer wiederkehrendes Wort aus einem Text heraushören: Dem Kind wird eine Geschichte vorgelesen, in der
z.B. das Wort Ball öfters vorkommt. Jedes Mal, wenn das
Kind das Wort Ball hört, soll es einmal in die Hände
klatschen.

Z.B.: Peter und Karin wohnten
am Ufer eines Sees. Sie hatten
viele Spielsachen, aber am
liebsten war ihnen der gelbe Ball.
Bei schönem Wetter freuten sie
sich, denn dann durften sie am
Seeufer mit dem Ball spielen. Das
war schön, wenn der Ball im
glitzernden Sonnenschein durch
die Luft flog etc.

Übung AD 11

Sowohl ein Wort als auch seine Abwandlungen aus einem Text heraushören: Dem Kind wird eine Geschichte vorgelesen, in der Wörter und deren Wortfamilien vorkommen. Jedes Mal, wenn das Kind das Wort oder eines aus der Wortfamilie hört, soll es in die Hände klatschen.

Z.B.: „Unruhig schritt der alte König im Thronsaal seines Königsschlosses auf und ab, und bekümmert sprach er zu seinem Sohn: „Es geht nicht nur darum, eine Frau für dich zu finden. In den angrenzenden Königreichen gibt es mehr als genug junge Mädchen, die sehr schön sind...“

Übung AD 12

Trainer und Schüler trommeln mit den Fingern auf den Tisch (symbolisieren Regentropfen, der Trainer kann mit einem Schlag auf den Tisch den Donner ausdrücken). Nun sagt der Trainer zu diesen Hintergrundgeräuschen Wörter, die vom Kind zu wiederholen sind.

Übung AD 13

Wörter aus einem Text heraushören, die sinnmäßig nicht hineinpassen. Dem Kind wird eine Geschichte vorgelesen, in der inhaltliche Fehler eingebaut sind. Hört das Kind diesen Fehler, soll es in die Luft springen und ein richtiges Wort dafür finden.

Z.B.: „Helgas Großmutter hatte einen Wellensittich. Er war ein bunter lustiger <u>Hund</u>. Er hatte einen kleinen <u>Rüssel</u> und konnte wunderschön singen.  Wenn Helga bei der Großmutter zu Besuch war, stand sie gerne vor seiner <u>Papierhütte</u> und schaute ihm zu...“

Übung AD 14

Verschiedene Gegenstände, die von sich aus ein Geräusch erzeugen können, z.B. Wecker, Radio, Telefon etc., werden im Raum versteckt. Die Aufgabe des Kindes ist es, nun diese Gegenstände zu finden, sie zu benennen und die Geräusche zu beschreiben. Um das Ganze etwas zu erschweren, kann man eine Hintergrundmusik laufen lassen.

Übung AD 15

Gegenstände mit einem bestimmten Anfangsbuchstaben im Raum suchen: Der Trainer verteilt bestimmte Gegenstände im Raum. Der Schüler soll nun alle Gegenstände, die z.B. mit einem „T" beginnen, finden und benennen.

Tasse

 Übung AD 16

Dem Kind wird ein Wort vorgesagt. Es soll nun heraushören, aus wie vielen Silben dieses Wort besteht.

Z.B.: Zahn—bürs—te = 3 Silben
Ist die Antwort richtig, darf das Kind nun selbst ein Wort suchen, das aus genau einer Silbe mehr oder weniger besteht.

 Übung AD 17

Das Kind bekommt verschiedene Wörter vorgelesen und soll nun sagen, ob ein lang oder ein kurz gesprochener Vokal darin vorkommt.

Z.B.: See = lang, Bett = kurz

Übung AD 18

Das Kind bekommt verschiedene Wörter vorgelesen und soll nun sagen, welches der Wörter länger ist. Spielt man dies mit einer kurzen Wortreihe, kann man das Kind die Wörter auch nach der Länge ordnen lassen.

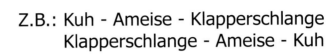

Z.B.: Kuh - Ameise - Klapperschlange
Klapperschlange - Ameise - Kuh

Übung AD 19

Das Kind soll selbst Töne erzeugen, z.B.: auf den Tisch klopfen, an die Fensterscheibe klopfen etc., und soll dabei herausfinden, welche Töne höher bzw. tiefer sind.
Dies kann man natürlich auch mit Hilfe von Instrumenten machen.

Übung AD 20

Je zwei Dosen werden mit dem gleichen Inhalt gefüllt (Erbsen, Reis, Steine, Sand, Mehl etc.). Nun wird mit den Dosen Memory gespielt. Wenn das Kind glaubt, dass zwei Dosen die gleichen Geräusche machen, darf man den Inhalt kontrollieren.

Übung AD 21

Auf einem Tisch liegen fünf unzerbrechliche Gegenstände (z.B.: Bleistift, Radiergummi, Stofftier, Heft, kleine Schachtel).
Man lässt die Gegenstände nun hintereinander auf den Boden fallen. Das Kind soll nun benennen, welcher Gegenstand auf den Boden gefallen ist. Das Geräusch, welches gehört wurde, soll vom Kind beschrieben werden.

Übung AD 22

Verschiedene zusammenpassende Laute (z.B.: Tierstimmen)

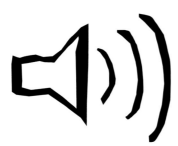

wurden mit einem Rekorder aufgenommen, einer der Laute passt aber nicht in die Reihen (z.B.: Autohupe). Das Kind hat nun die Aufgabe, diesen Laut herauszufinden und dem Trainer Bescheid zu geben.

Übung AD 23

Der Trainer liest dem Kind eine kurze Personenbeschreibung vor. Der Trainer geht dabei nicht ins Detail. Er soll bei dieser Übung nur einige Merkmale nennen. Der Trainer soll diese Beschreibung einmal wiederholen und anschließend das Kind auffordern, diese Personenbeschreibung wiederzugeben.

Übung AD 24

Gruppenspiele:
„Stille Post" – Ein Kind denkt sich ein Wort aus und flüstert dieses seinem Sitznachbarn ins Ohr. Dieser gibt das, was er verstanden hat, wiederum seinem anderen Nachbarn weiter usw. Kommt das Wort zum Ausgangspunkt zurück, wird es laut genannt. Ist es ein falsches Wort, so wird es richtiggestellt. Erschweren kann man dieses Spiel, indem man es nicht mit einem Wort, sondern mit einem ganzen Satz spielt.

Übung AD 25

Material: Farbkreise in den Grundfarben, Arbeitsblatt mit bunten Kreisen.

Jedem Farbkreis wird ein akustisches Signal zugeordnet.

z.B.:

ROT = U U -   **GRÜN** = - U -

GELB = - - U   **BLAU** = U - U

Das Kind bekommt ein Arbeitsblatt mit bunten Kreisen und am Tisch liegen die Farbkreise in den einzelnen Grundfarben. Nun werden die akustischen Signale gegeben und das Kind darf je nach Signalfolge einen entsprechenden Farbkreis aufnehmen und auf das Arbeitsblatt legen. Der Trainer kontrolliert die Übereinstimmungen von Tonfolge und Farbe – relativ rasche Abfolge!
Bei jedem Spiel ändert sich natürlich die Signalabfolge zu den Farbkreisen.

Übung AD 26

Material: verschiedene Wörter, die leicht in andere Wörter verwandelbar sind.

Kinder stehen in einer Reihe, der Trainer nennt nun ein Wort (z.B.: B u c h). Die Kinder sind nun aufgefordert, durch Veränderung eines Buchstabens ein neues Wort entstehen zu lassen (z.B.: B a c h).

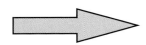

Das Kind, dem diese Verwandlung eingefallen ist, darf sich dem Trainer einen Schritt nähern. Ziel ist es, beim Trainer anzukommen. Kann das Kind die Buchstaben, die vertauscht wurden, auch noch benennen, darf es noch einen Schritt nach vorne machen.

Übung AD 27

Material: Stift und Papier.

Der Trainer klopft einen Rhythmus vor (laut bzw. leise). Das Kind ist nun aufgefordert, diesen Rhythmus grafisch darzustellen.

Z.B.:

leise =   laut =

Danach soll das Kind anhand seiner Aufzeichnungen den Rhythmus nachklopfen.

 ## Übung AD 28

Es werden verschiedene Bilder benötigt.

Die Bilder werden dem Kind vorgelegt und dieses soll nun die Aktionen, die es darauf sieht, beschreiben. Vielleicht ist es ihm auch schon möglich, passende Geräusche dazu zu machen.
Dann werden dem Kind verschiedene Geräusche vorgespielt und es soll die Geräusche den Aktivitäten zuordnen.

Z.B.:

Bild: Feuerwehrauto   Geräusch: Sirene

Übung AD 29

Gruppenspiele:

Die Kinder verteilen sich im Raum und ein Kind steht in der Mitte. Der Trainer macht nun mit den Kindern ein Ziel aus (z.B.: die Klassentüre). Das Kind in der Mitte darf sich den Weg zur Türe nochmals anschauen. Dann werden ihm die Augen verbunden und es wird fünfmal im Kreis gedreht. Nun ist es das Ziel, die Türe zu erreichen, ohne bei einem der anderen Kinder anzustoßen. Nähert sich der Jäger einem anderen Kind, hat dieses die Aufgabe, ein akustisches Signal von sich zu geben, um so eine Kollision zu verhindern. Ziel ist es, die Türe ohne „Unfall" zu erreichen.

Übung AD 30

Material: Kegel, Brettspiel, Liste mit je zwei ähnlich klingenden Wörtern.

Z.B.:

Die Wörter werden dem Kind vorgelesen und es hat nun die Aufgabe, die ähnlich klingenden Wörter herauszuhören. Hat es zwei wahrgenommen, die zusammenpassen, soll es diese beiden nennen und darf mit dem Kegel ein Feld auf dem Spielbrett weiterfahren.

Arbeitsblatt AD 1

Unterstreich die Wörter, die sich mit den Bildern reimen.

Mund	Grund
Mandeln	Fund
Bund	gesund
wund	eilig
alle	rund

Gasse	Kasse
mögen	Masse
hasse	Igel
Klasse	Rasse
nass	nicht

Matratze	kleben
hetzen	Glatze
Fratze	tanzen
Tatze	Ranzen
heben	ganz

laufen	saufen
raufen	impfen
eben	schimpfen
gegeben	taufen
kaufen	Haufen

Kreis das Bild ein, wenn du im Wort ein P hörst.

Arbeitsblatt AD 3

In jedem Haus sind Wörter, die sich in der Einzahl und in der Mehrzahl reimen. In einem Haus steckt ein Fehler, kreuz ihn an.

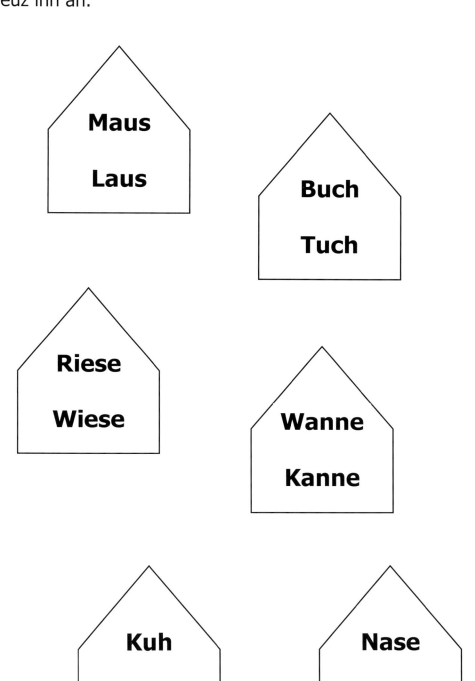

Maus

Laus

Buch

Tuch

Riese

Wiese

Wanne

Kanne

Kuh

Schuh

Nase

Vase

Arbeitsblatt AD 4

Sprich die Wörter laut aus und ergänz ss oder ß.
Beachte: Nach kurzem Selbstlaut: ss —> Fluss
Nach langem Selbstlaut: ß —> Straße
Nach Zwielaut/Diphthong: ß —> gießen

das Fa__

das Schlo__

der Ku__

der Strau__

Mit welchem Anfangsbuchstaben beginnen die Wörter?
Schreib sie dazu.

__osen

__nsel

__eist

__ylophon

__uppe

__acke

__und

__pfel

__uh

__ampe

__ase

Wie macht das Schwein? __uiek

__urm

Arbeitsblatt AD 6

Mit welchem Anfangsbuchstaben beginnen die Wörter?
Schreib sie dazu.

__omputer

__hu

__inosaurier

__und

__ngel

__acht

__äcke

__rosch

__ug

__fen

__adel

__lume

__isch

Arbeitsblatt AD 7

Vervollständig die Wörter.

H _ _ _

G _ _ _ _ _ _

P _ _ _ _

V _ _ _ _

F _ _ _ _

E _ _ _ _ _ _ _

Arbeitsblatt AD 8

Kreis alle Bilder ein, in denen ein A vorkommt.

Arbeitsblatt AD 9

Finde Reimwörter.

Schrank

_____

Haus

_____

Puppe

_____

Flasche

_____

Rosen

_____

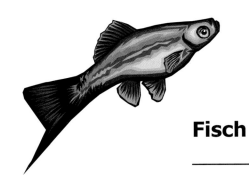

Fisch

_____

Welches Bild fängt mit B und welches mit P an?

P oder B ?

Hörst du **SCH** oder **S**? Kreis die richtige Lösung ein.

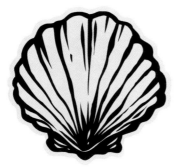

SCH — S

SCH — S

SCH — S

SCH — S

SCH — S

SCH — S

Arbeitsblatt AD 12

Kreis alle Bilder von jenen Tieren ein, die in ihrem Namen ein G haben.

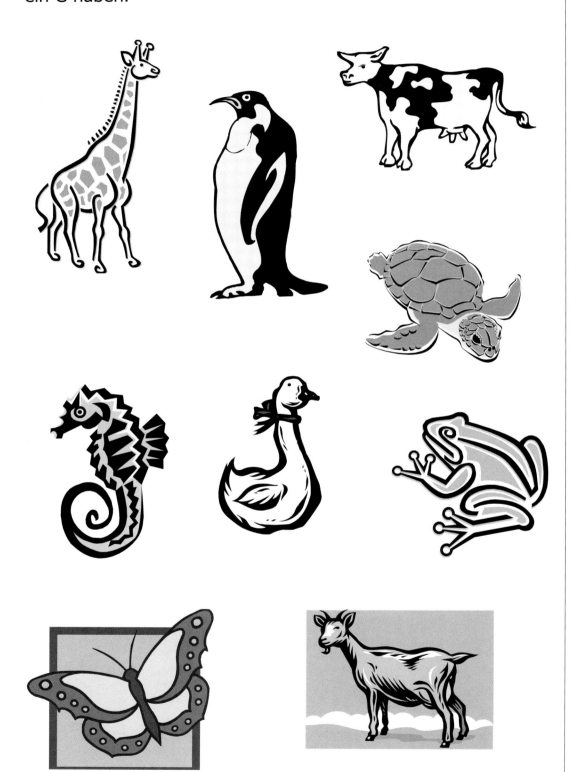

Arbeitsblatt AD 13

Sprich die Namen der Personen, der Tiere und der Dinge laut vor und kreuz die an, bei denen du ein K hörst. Ihre Anfangsbuchstaben ergeben im Uhrzeigersinn gelesen den Namen eines Haustieres. Mal es in den großen Kreis.

Arbeitsblatt AD 14

Hör heraus, in welchem Wort ein G oder ein K vorkommt.
Mal den entsprechenden Buchstaben an.

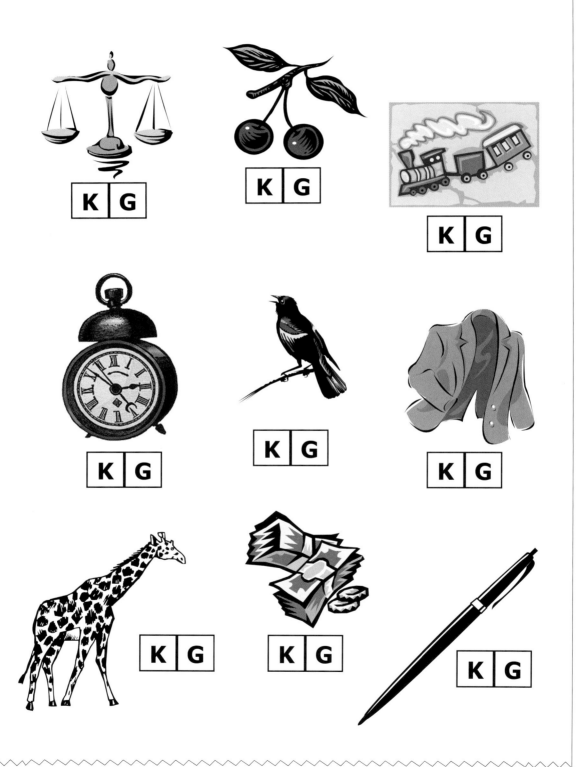

Arbeitsblatt AD 15

Zieh um jene Bilder einen Kreis, deren Namen ein B enthalten.

Funktionstraining

Akustik

Akustisches Gedächtnis

AG

Übung AG 1

Sie sprechen zuerst nur ein Wort vor und dann nach einer Pause von ca. fünf Sekunden das zweite Wort. Das Kind muss so das erste Wort eine Weile im Gedächtnis behalten.

Z.B.: Made - Wade, gule - mule etc.

Übung AG 2

Verschiedene Klopfzeichen werden mit verschiedenen Bewegungen in Verbindung gebracht (z.B.: hüpfen = zweimal klopfen, hocken = einmal klopfen, liegen = einmal langsam, zweimal schnell klopfen). Der Trainer klopft nun auf den Tisch und das Kind soll die Bewegung so schnell wie möglich ausführen.

Übung AG 3

Der Trainer hat zwei gefüllte Dosen. Der Inhalt der Dosen soll akustisch unterscheidbar sein (z.B.: Steine und Sand). Die Steine stehen nun für 10 Werte und der Sand für einen Wert. Wird die Dose mit den Steinen zweimal geschüttelt, bedeutet dies nun 20, wird die Dose mit dem Sand nun auch noch dazu geschüttelt (z.B.: dreimal), bedeutet dies 3. Nun haben wir die Rechnung 20 + 3 = 23. Gemeinsam lassen sich nun verschiedene Variationen finden. Bei größeren Kindern können auch die Rechenoperationen akustisch signalisiert werden.

Übung AG 4

Der Trainer liest dem Kind einen kurzen Text vor und stellt ihm später Fragen dazu. Es soll diese Fragen möglichst genau beantworten.

Übung AG 5

Dem Kind wird vom Trainer eine mündliche Rechenaufgabe gestellt, diese muss den Anforderungen des Kindes entsprechen. Nun soll das Kind diese Rechenaufgabe niederschreiben und schriftlich lösen.

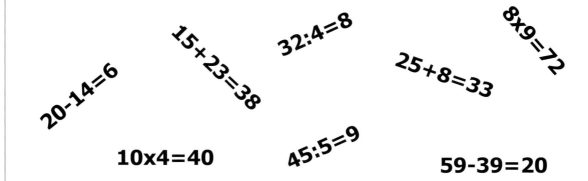

$15+23=38$

$32:4=8$

$8x9=72$

$20-14=6$

$25+8=33$

$10x4=40$

$45:5=9$

$59-39=20$

Übung AG 6

Vorgelesene Geschichte nacherzählen: Dem Kind wird eine kurze und für es interessante Geschichte vorgelesen. Danach soll das Kind versuchen, sie möglichst genau nachzuerzählen.

Übung AG 7

Der Trainer liest dem Kind eine kurze Personenbeschreibung vor. Der Trainer geht dabei nicht ins Detail. Er soll bei dieser Übung nur einige Merkmale nennen. Der Trainer soll diese Beschreibung einmal wiederholen und anschließend das Kind auffordern, diese Personenbeschreibung wiederzugeben.

Übung AG 8

Ein Text wird dem Kind vorgelesen. Der Trainer hat denselben Text auch in leicht veränderter Form und liest auch diese Version dem Kind vor. Nun soll das Kind die Unterschiede herausfinden und richtigstellen.

Z.B.: Die Mutter fährt mit einem roten *Auto* auf Urlaub.
Die Mutter fährt mit dem *Autobus* auf Urlaub.

Das Kind soll die ihm vorgesagten Schnellsprechsätze so gut wie möglich wiedergeben.

Z.B.: Brautkleid bleibt Brautkleid und Blaukraut bleibt Blaukraut etc.

Der Trainer gibt dem Kind einen kurzen Satz vor (z.B.: Ich sehe einen Schmetterling). Das Kind hat nun die Aufgabe, ein passendes Adjektiv dazu zu finden (z.B.: Ich sehe einen schönen, großen, gelben ... Schmetterling).
Dieses Spiel lässt sich auch sehr gut in kleinen Gruppen spielen.

Welcher Gegenstand oder welches Tier passt nicht zum Begleiter?

DER

Welcher Gegenstand oder welches Tier passt nicht zum Begleiter?

DIE

Arbeitsblatt AG 3

Welcher Gegenstand oder welches Tier passt nicht zum Begleiter?

DAS

Zieh eine Linie vom Bild bis zum richtigen Begleiter.

DAS

DAS

DER

DER

DIE

DER

Funktionstraining

Akustik

Akustische Serialität

AS

Übung AS 1

Kleine Handlungsanweisungen merken und durchführen: Der Trainer gibt dem Kind mündlich verschiedene Anweisungen. Das Kind soll nun diese Anweisungen möglichst genau ausführen.

z.B.: Nimm den Radiergummi, die Füllfeder und den roten Stift aus der Federschachtel und leg den Radiergummi und die Füllfeder auf das blaue Heft, den roten Stift behalte in der rechten Hand.

Übung AS 2

Geklatschte Rhythmen nachklatschen: Der Trainer klatscht den Rhythmus vor und das Kind wird aufgefordert, diesen Rhythmus nachzuklatschen.

Z.B.:

Übung AS 3

Kurze und lange Töne nachpfeifen (mit Hilfe einer Pfeife): Der Trainer pfeift eine Tonfolge vor und das Kind soll diese Tonfolge nachpfeifen.

Z.B.:

Übung AS 4

Dem Kind wird eine ungereimte Wortreihe vorgesprochen. Die Wortreihe soll vom Kind nun richtig wiedergegeben werden.

Z.B.: Strauch, Hund, Baum, Straße etc.

Übung AS 5

Der Trainer sagt mit dem Kind abwechselnd die Buchstaben des Alphabets der Reihe nach auf.
Anschließend spricht der Trainer das Alphabet vor und lässt einen Buchstaben aus.
Das Kind muss den ausgelassenen Buchstaben nennen.

Übung AS 6

Der Trainer spricht dem Kind verschiedene sinnfreie Silben-reihen, Buchstabenreihen oder längere Zahlenreihen vor. Das Kind soll nun das Gehörte richtig wiedergeben können.

Z.B.: 7 3 9 8 5 etc.

Übung AS 7

Der Trainer spricht dem Kind einen Satz vor, das Kind soll den Satz wiederholen und einen eigenen Satz dazufügen. So soll eine sinnvolle kleine Geschichte entstehen.

Übung AS 8

Das Kind bekommt vom Trainer eine Geschichte vorgelesen. Diese Geschichte soll das Kind nun einem Dritten erzählen, dem diese Geschichte unbekannt ist.

Kennt sich die dritte Person nicht aus, soll sie sofort beim Kind nachfragen. Tauchen Probleme auf, kann gemeinsam in der Geschichte nachgelesen werden.

Übung AS 9

Der Trainer macht dem Kind einige Tierlaute vor, das Kind muss die Tiere in der richtigen Reihenfolge nennen. Das Kind soll auch die charakteristischen Merkmale des jeweiligen Tieres mit Hilfe seines Körpers darstellen.

Übung AS 10

Mit geschlossenen Augen sitzt das Kind dem Trainer gegenüber. Der Trainer hat ein Blatt Papier und faltet, reißt, knüllt ... es. Das Kind soll nun diese Tätigkeiten in der richtigen Reihenfolge nachmachen. Die Anzahl der Tätigkeiten soll dem Leistungsniveau des Kindes entsprechen.

Arbeitsblatt AS 1

Finde von jedem Ding den Anfangsbuchstaben. Wenn sie richtig sind, kannst du zwei Wörter lesen. Mal dann ein Bild dazu.

_____ _____ _____ _____

_____ _____ _____ _____

1.) Wort:

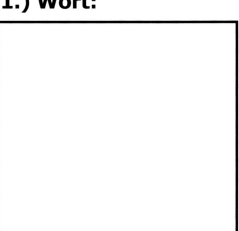

2.) Wort:

Arbeitsblatt AS 2

Schreib die Namen der Dinge nacheinander in das Rätsel und finde heraus, wie das Entchen heißt.

Schreib die entsprechenden Zeitwörter neben die Bilder.

_____

_____

_____

_____

Arbeitsblatt AS 4

Schreib den Beruf und das dazupassende Zeitwort neben die Personen.

_____

_____

_____

_____

_____

_____

Funktionstraining

Raumwahrnehmung

Raumorientierung

RO

Übung RO 1

Material: verschiedene Hälften von symmetrischen Figuren.

Der Schüler wird vom Trainer aufgefordert, diese symmetrischen Figuren zu ergänzen. Vereinfacht werden kann dieses Spiel, wenn man das Kind die zweite Hälfte aus einer Menge von symmetrischen Figuren suchen lässt.

Übung RO 2

Material: Tangramteile, verschiedene geometrische Figuren.

Der Trainer baut dem Schüler ein räumliches Muster mit Hilfe von Tangramteilen vor. Der Schüler hat nun die Aufgabe, dieses Muster innerhalb von fünf Minuten aus dem Gedächtnis nachzubilden. Dem Schüler kann aber auch eine Vorlage zur Nachbildung gegeben werden.

Übung RO 3

Vorgabe: Tisch, auf dem Gegenstände in verschiedenen Positionen zueinander stehen.

Das Kind soll die Beziehungen einzelner Gegenstände zueinander benennen, dabei sollen richtige Präpositionen verwendet werden.

Z.B.: Die Vase steht auf dem Tisch.

Übung RO 4

Das Kind soll mit geschlossenen Augen die Anweisungen des Trainers befolgen. Der Trainer nennt Buchstaben, Formen, Zahlen ... und diese sollen vom Kind in die Luft gemalt werden. Dies kann mit der ganzen Hand, mit einem Finger oder einem Hilfsmittel geschehen. Erschweren kann man dieses Spiel, indem man es mit beiden Händen zur gleichen Zeit ausführen lässt.

Übung RO 5

Material: Arbeitsblatt mit einem Labyrinth.

Das Kind hat die Aufgabe, den schnellstmöglichen Weg durch das Labyrinth zu finden und mit einem Stift einzuzeichnen. Die Wände des Labyrinths sollen dabei nicht berührt werden.

Übung RO 6

Material: verschiedene Objekte, Tuch.

Die Objekte werden mit dem Kind besprochen und betastet, danach werden die Objekte unter dem Tuch versteckt. Das Kind soll nun die Gegenstände erfühlen und benennen.

Übung RO 7

Material: Arbeitsblatt mit Gegenstand in der Mitte.

Auf ein Blatt wird in der Mitte ein Gegenstand gemalt oder geklebt. Das Kind setzt nach erfolgter Aufgabenstellung des Trainers Symbole und Gegenstände ein.

Z.B.: Zeichne oben rechts einen Baum. Zeichne unten links ein A usw.

Übung RO 8

„Synchronmalen"

Das Kind soll mit beiden Händen gleichzeitig malen, z.B. auf der Tafel oder auf einem Packpapier.

Übung RO 9

Material: Steck- oder Nagelbretter, Vorlagen.

Das Kind soll die ihm vorgegebenen Muster richtig nachstecken bzw. nachspannen können.

Übung RO 10

Material: Verschiedene Bilder.

Dem Kind wird ein Bild mit möglichst vielen verschiedenen Details vorgelegt. Es wird nun aufgefordert, die Fragen des Trainers zu beantworten.

Z.B.: Was siehst du oben links? Welches Tier ist unten rechts zu sehen? ...

Übung RO 11

Material: Bausteine.

Drei Bausteine werden vor dem Kind angeordnet. Das Kind beschreibt die Lage der Bausteine. Später kann man die Anzahl der Steine auch erhöhen oder Bausteine abdecken.

Arbeitsblatt RO 1

Kreis die Pfeile, die in eine Richtung gehen, ein und streich die Pfeile, die in zwei oder mehrere Richtungen gehen, durch.

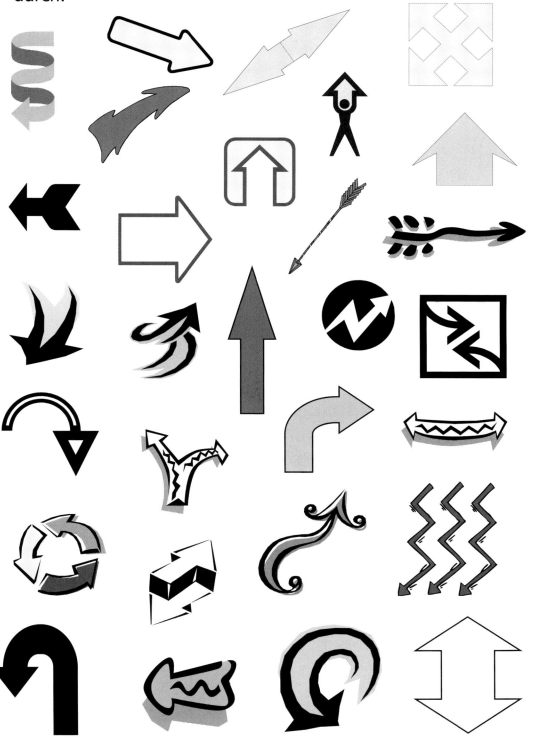

Arbeitsblatt RO 2

Mal immer das Gegenteil in den Rahmen.

schmale Straße

breiter Baum

dünner Junge

Arbeitsblatt RO 3

Beschreib, wo sich der Teddy befindet, und schreib die Antwort in das Kästchen darunter.

Z.B.: Der Teddy befindet sich links vom Teppich.

Funktionstraining

Raumwahrnehmung

Körperschema

KS

Übung KS 1

Der Trainer spricht dem Kind Raumbegriffe vor, die das Kind dann in körperliche Bewegung verwandelt.

Z.B.: Geh zwei Schritte nach vor, drei Schritte nach links und einen zurück usw.

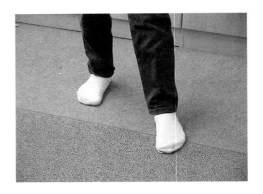

Übung KS 2

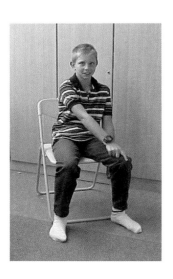

Der Trainer gibt dem Schüler Anweisungen wie z.B.: Leg deinen rechten Zeigefinger aufs linke Knie. Der Schüler führt die Anweisungen aus. Schwerer wird es, wenn das Kind die Augen dabei geschlossen hat.

Durch Vertauschung der Rollen ist es auch dem Schüler einmal möglich, Anweisungen zu geben und die Ausführungen des Trainers zu überprüfen.

Übung KS 3

Der Trainer macht dem Schüler Fingerstellungen vor und der Schüler soll diese nachmachen, z.B.: kleiner Finger berührt den Daumen. Die Fingerstellungen können vom Trainer auch nur beschrieben werden. Die Hände des Kindes sollen dabei auf dem Tisch liegen und das Kind muss

trotzdem den Anweisungen des Trainers folgen (z.B.: Heb den linken Zeigefinger). Noch schwerer wird diese Aufgabe, wenn die beiden Hände ineinander verkeilt sind. Gemeinsam lassen sich sehr viele Variationen dieses Spieles finden.

Übung KS 4

Der Trainer zeichnet den Körperumriss des Kindes auf einem großen Packpapier mit einem Stift nach. Das Kind benennt danach die gezeichneten Körperteile bzw. oben/unten und links/ rechts.

Übung KS 5

Am Türrahmen wird die Körpergröße des Kindes markiert. Danach soll das Kind z.B. zeigen, in welcher Höhe sein Bauchnabel ist. Um einen Vergleich anstellen zu können und die Größen besser unterscheiden zu lernen, sollte auch die Größe des Trainers am Türrahmen eingezeichnet werden.

Übung KS 6

Mit einem weichen Ball oder anderen Gegenständen berührt der Trainer das Kind an verschiedenen Körperstellen. Das Kind soll diese Stellen wahrnehmen und benennen.

Übung KS 7

Den Körperteilen werden verschiedene Zahlen zuge-ordnet.

Z.B.:
Kopf=10
Körpermitte=5
Zehen=1

Der Schüler wird aufge-fordert, verschiedene Zahlen auf seinem Körper zu „finden".

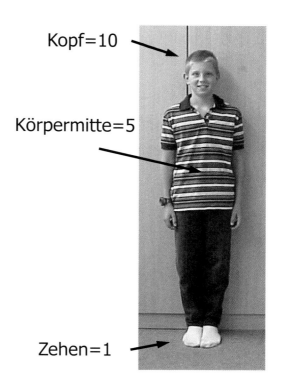

Kopf=10

Körpermitte=5

Zehen=1

Übung KS 8

Der Trainer sitzt neben dem Kind und macht bestimmte Bewegungen vor, die das Kind nachahmt. Danach sitzt der Trainer um 90°/180°/270° gedreht zum Kind. Das Kind bleibt aber immer in der Ausgangsposition und ist von dort aus aufgefordert, die jeweiligen Übungen nachzumachen.

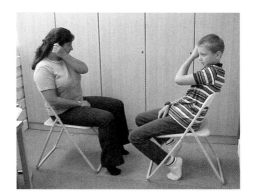

Übung KS 9

Dem Kind wird ein Buchstabe, eine Zahl oder ein Wort auf den Rücken, den Arm ... geschrieben. Es soll nun sagen, was geschrieben wurde. Geschrieben werden kann mit unterschiedlichsten Materialien (z.B.: mit dem Finger, mit einem stumpfen Bleistift, mit einem kleinen Ball etc.).

In Verbindung mit dieser Übung kann auch eine Partnermassage mit Hilfe des Balles oder der Hände stattfinden. Rollentausch ist gerade bei dieser Übung sehr lustig.

 ## Übung KS 10

Das Kind liegt in einem Leintuch und wird durch die Wohnung gezogen. Es soll nun erkennen, in welchem Raum es sich befindet. Führt man dieses Spiel fort, kann das Kind dann auch Gegenstände im Raum benennen.

Z.B.: Rechts von mir steht der Tisch usw.

 ## Übung KS 11

Mikado spielen. Um das Spiel auch mit kleineren Kindern spielen zu können, empfiehlt sich die Verwendung von großen Mikadostäbchen.

Übung KS 12

Zeichne und benenn verschiedene Körperteile eines Lebewesens. Das Kind wird aufgefordert, z.B. eine Katze zu zeichnen. Die einzelnen Teile (Fell, Schwanz, Ohr, Kopf, Pfote etc.) sollen vom Kind während des Zeichnens benannt werden.

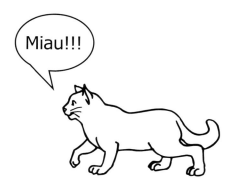

Übung KS 13

Verschiedene Bildkarten liegen vor dem Kind. Das Kind wird nun aufgefordert, ein bestimmtes Bild (Äpfel) auf eine bestimmte Körperstelle zu kleben, z.B. auf die linke Schulter (Klebeband).

Übung KS 14

Es werden dem Kind maximal drei Körperstellungen vorgezeigt (Sitzen, Hand vor dem Mund, Mütze auf dem Kopf). Nun muss es versuchen, genau das Gegenteil von dem Vorgezeigten zu tun (zu stehen, die Hand vom Mund wegzuführen, die Mütze vom Kopf zu nehmen).

Übung KS 15

Überkreuzgymnastik im Sitzen oder im Stehen: Der Trainer macht verschiedenste Kreuzübungen vor und der Schüler soll diese Übungen nachmachen.
Z.B.: Hand- & Fuß-Berührungen, Ellbogen- & Knie-Berührungen etc.

Übung KS 16

Drei Karten mit verschiedenen Farben, z.B. Rot, Grün und Gelb, werden je einem bestimmten Körperteil zugeordnet. Nun wird eine Karte in die Höhe gehalten und das Kind soll den richtigen Körperteil dazu berühren, z.B. Rot = Fuß.

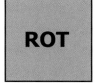 

Übung KS 17

Der Trainer gibt verschiedene Anweisungen, die sich auf die Körperan- bzw. Körperentspannung beziehen.
Z.B.: Spann deinen linken Zeigefinger an.

Übung KS 18

Orientierung im Raum durch Ausführen verschiedener Befehle üben, z.B.: Setz dich unter den Tisch, stell dich rechts neben die Türe usw.

Übung KS 19

Der Schüler bekommt verschiedene Teile eines Bildes, auf dem Gesichter oder Körper abgebildet sind, vorgelegt. Die Aufgabe lautet nun, diese Teile richtig zu benennen und das Bild wieder zusammenzubauen.

Übung KS 20

Kleine Schrittfolgen bzw. einfache Tänze werden dem Kind vorgezeigt, das Kind soll sie nachmachen und am Schluss wird es gemeinsam nochmals wiederholt.

Übung KS 21

„Klappmesser": Das Kind soll im Sitzen den rechten Arm und das linke Bein gleichzeitig hochheben und berühren, danach werden die Seiten gewechselt.

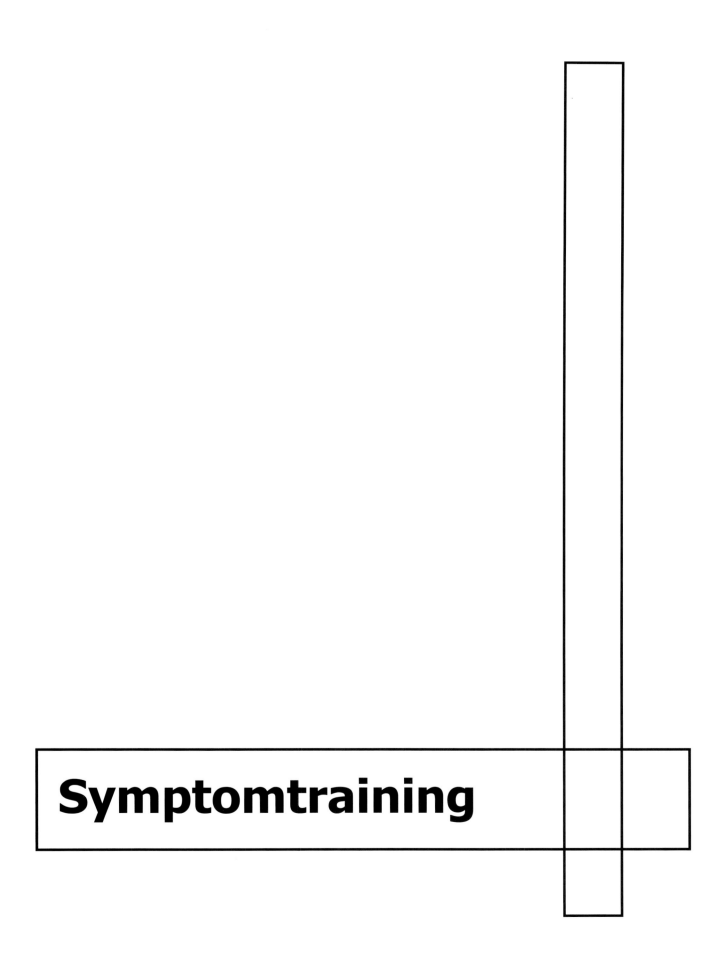

Symptomtraining

Worterarbeitung

Eine ausführliche Worterarbeitung ist stets dann im Symptomtraining zwingend notwendig, wenn Wörter häufig über einen längeren Zeitraum und auch unterschiedlich falsch geschrieben  werden. Den Kindern fehlt dann für dieses Wort eine bildhafte und sprachliche Vorstellung, daher bleibt ihnen der Sinn des Wortes fremd. Sie können es alleinstehend oder auch im Satz für sich nicht deuten und daher auch nicht richtig schreiben. Es kommt zu keiner dauerhaften Abspeicherung der Schreibweise. Jedes legasthene Kind hat seine eigene sogenannte Fehlerwortliste!

Die Worterarbeitung sollte, unter Berücksichtigung der Schulstufe, nach folgenden Aspekten erfolgen:

WORTBILD:
⇒ Erarbeitung des Bildes, welches das Kind mit dem Wort verbindet; Malen und Kneten der Buchstaben zum Wort, dreidimensionale Darstellung
⇒ Schreiben des Wortes in Druck- und Schreibbuchstaben etc.

WORTKLANG:
⇒ Erarbeitung der Silben
⇒ Wortzergliederung etc.

WORTBEDEUTUNG:
⇒ Bestimmung der Wortart
⇒ Anwendung des Wortes in unterschiedlichen Wortgruppen und Sätzen
⇒ Bilden von Ableitungen und Zusammensetzungen, etc.

Worterarbeitung

dürfen

Wortbild
· · · · · · · · · · · · ·

Dreidimensionale Darstellung mit Holzplättchen

Die Buchstaben werden aufgelegt und genau betrachtet. Das Wort wird zerlegt und nochmals zusammengebaut, nochmals erfolgt ein genaues Betrachten der einzelnen Buchstaben des Wortes.

Wortklang
· · · · · · · · · · · · ·

Die einzelnen Buchstaben des Wortes werden benannt. Das Wort wird vom Kind deutlich ausgesprochen. Das Wort wird silbiert, dabei wird geklatscht.

Wortbedeutung · · ·
· · · · · · · · · · · · · · · ·

dürfen
darf
darfst
dürft
dürfte
durfte
durftest
durften
durftet
dürftest
dürften
dürftet
gedurft
bedürftig
Bedarf

Erarbeiten der Stammsilbe.
Erarbeiten der Wortfamilie.
Erarbeiten eines Wortbildes mit verschiedenen Sätzen:
Wir dürfen heute ins Kino gehen.
Du durftest mich gestern nicht besuchen.
Der Bedarf an Medikamenten ist in der Grippezeit groß.

Achtung: Jedes Wort der nebenstehenden Wortsammlung sollte dreidimensional dargestellt werden.

können

Wortbild
. . . .

Dreidimensionale Darstellung mit Knetmasse

Die einzelnen Buchstaben werden geformt. Das Wort wird zusammengesetzt, es folgt eine genaue Betrachtung des Wortbildes. Jeder Buchstabe wird mit geschlossenen Augen erfühlt.

Wortklang
. . . .

Das Wort wird aufgebaut, indem jeder Buchstabe benannt wird. Das Wort wird abgebaut, indem jeder Buchstabe benannt wird. Der Trainer spricht das Wort deutlich aus.

Wortbedeutung
. . . .

können	Erarbeiten der Stammsilbe.
kann	Erarbeiten der Wortfamilie.
kannst	Erarbeiten eines Wortbildes
könnt	mit verschiedenen Sätzen:
konnte	Wir alle können das
konntest	Fußballspiel besuchen.
konnten	Ich kann nicht in die Schule
konntet	gehen.
könnte	
könntest	
könnten	
könntet	
gekonnt	
das Können	
die Kunst	

Achtung: Jedes Wort der nebenstehenden Wortsammlung sollte dreidimensional dargestellt werden.

mögen

Wortbild
· · · · · · · · · · ·

Dreidimensionale Darstellung mit Holzbuchstaben

Aus einer Menge von Buchstaben werden die benötigten herausgesucht. Das Wort wird aufgestellt. Jeder Buchstabe wird nochmals in die Hand genommen, gedreht und betrachtet.

Wortklang
· · · · · · · · · · ·

Beim Zusammenbauen wird jeder einzelne Buchstabe gesungen. Anschließend wird das Wort deutlich gerufen, zuerst vom Kind, dann vom Trainer.

Wortbedeutung
· · · · · · · · · · · · · · ·

mögen	Erarbeiten der Stammsilbe.
mag	Erarbeiten der Wortfamilie.
magst	Erarbeiten eines Wortbildes
mögt	mit verschiedenen Sätzen:
möge	Wir mögen diese Eissorte.
mögest	Möchtest du es noch einmal
möget	probieren?
mochte	
mochtest	
mochten	
mochtet	
möchte	
möchtest	
möchten	
möchtet	
gemocht	Achtung: Jedes Wort der nebenstehenden Wortsammlung sollte dreidimensional dargestellt werden.

müssen

Wortbild
· · · · · · · · · · ·

Dreidimensionale Darstellung mit Filzbuchstaben

Jeder Buchstabe soll vom Kind aus einer Reihe von Buchstaben ertastet werden. Anschließend wird das Wort aufgelegt und genau betrachtet.

Wortklang
· · · · · · · · · · · ·

Nun wird das Wort buchstabiert. Es erfolgt der Wortabbau. Nochmals wird das Wort aufgebaut und vom Kind mit einer sehr hohen Stimme ausgesprochen.

Wortbedeutung
· · · · · · · · · · · · · · · · ·

müssen	Erarbeiten der Stammsilbe.
muss	Erarbeiten der Wortfamilie.
musst	Erarbeiten eines Wortbildes
müsst	mit verschiedenen Sätzen:
müsse	Sie müssen sich beeilen.
musste	Das Baby muss jetzt endlich
musstest	schlafen.
mussten	
musstet	
müsste	
müsstest	
müssten	
müsstet	Achtung: Jedes Wort der
gemusst	nebenstehenden Wortsammlung
	sollte dreidimensional dargestellt
	werden.

Worterarbeitung

sollen

Wortbild
. . . .

Dreidimensionale Darstellung mit Pfeifenputzern

Aus den Pfeifenputzern werden die erforderlichen Buchstaben gebogen. Das Wort wird aufgelegt, nochmals zerlegt und wieder zusammengebaut.

Wortklang
. . . .

Beim Erzeugen der Buchstaben soll das Kind den Buchstaben immer wieder aussprechen. Das Wort wird auf einen Tonträger gesprochen und anschließend angehört.

Wortbedeutung
. . . .

sollen	Erarbeiten der Stammsilbe.
soll	Erarbeiten der Wortfamilie.
sollst	Erarbeiten eines Wortbildes
sollt	mit verschiedenen Sätzen:
solle	Sie sollen einkaufen gehen.
sollte	Ihr solltet euch beeilen!
solltest	
sollten	
solltet	
gesollt	

Achtung: Jedes Wort der nebenstehenden Wortsammlung sollte dreidimensional dargestellt werden.

Worterarbeitung

wollen

Wortbild
· · · · · · · · · · ·

Dreidimensionale Darstellung mit dicken Schnüren

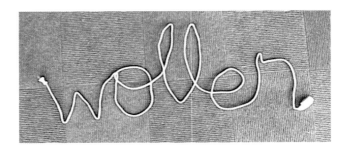

Die Schnüre werden zu Buchstaben gebogen. Aus wie vielen Buchstaben besteht das Wort? Es erfolgt eine intensive Betrachtung des Wortes.

Wortklang
· · · · · · · · · · · ·

Das Wort wird vom Kind geflüstert, dabei auf- und abgebaut. Das Wort wird vom Trainer buchstabiert.

Wortbedeutung
· · · · · · · · · · · · · · · ·

wollen
will
willst
wollt
wolle
wollte
wolltest
wollten
wolltet
gewollt
gewillt sein
willig
widerwillig
einwilligen
der Unwillen
der Unwillige
der Wille
der Widerwille

Erarbeiten der Stammsilbe.
Erarbeiten der Wortfamilie.
Erarbeiten eines Wortbildes
mit verschiedenen Sätzen:
Wir wollen zum Essen fahren.
Er hat einen starken Willen.

Achtung: Jedes Wort der nebenstehenden Wortsammlung sollte dreidimensional dargestellt werden.

nehmen

Wortbild
• • • • • • • • • • • •

Dreidimensionale Darstellung mit Moosgummi

Alle Buchstaben werden aus einer Schachtel genommen und auf den Tisch gelegt. Das Kind sagt dem Trainer, welche Buchstaben es für das zu legende Wort benötigt.

Wortklang
• • • • • • • • • • • •

Nachdem das Wort aufgelegt worden ist, wird jeder Buchstabe deutlich vom Kind, dann vom Trainer benannt. Danach wird das ganze Wort benannt.

Wortbedeutung
• • • • • • • • • • • • • • •

nehmen
nahm
genommen
nehme
nimmst
nimmt
nehmt
nimm
abnehmen
aufnehmen
ausnehmen
einnehmen
benehmen
mitnehmen
vernehmen
vornehmen
wegnehmen
zunehmen
zurücknehmen

Erarbeiten der Stammsilbe.
Erarbeiten der Wortfamilie.
Erarbeiten eines Wortbildes
mit verschiedenen Sätzen:
Wir nehmen viel Gepäck mit.
Er kann sich nicht benehmen.

Achtung: Jedes Wort der nebenstehenden Wortsammlung sollte dreidimensional dargestellt werden.

turnen

Wortbild
• • • • • • • • • • • • •

**Dreidimensionale
Darstellung mit
Schlagschaum**

Zuerst wird das Wort vom Kind mit der Hand in die Luft geschrieben. Dann wird das Wort mit der Spraydose vom Kind geschrieben. Dabei benennt es jeden Buchstaben, den es gerade macht.

Wortklang
• • • • • • • • • • • •

Das Kind spricht das Wort mehrmals in ein Glas. Nun buchstabiert der Trainer das Wort. Das Kind schließt die Augen und buchstabiert es nochmals.

Wortbedeutung
• • • • • • • • • • • • • • • •

turnen	Erarbeiten der Stammsilbe.
turnte	Erarbeiten der Wortfamilie.
geturnt	Erarbeiten eines Wortbildes
turne	mit verschiedenen Sätzen:
turnst	Wir turnen im Freien.
turnt	Der Turnlehrer hat eine Pfeife.
turntest	
turnten	
Geräteturnen	
Kunstturnen	
Turngerät	
Turnlehrer	
Turnsaal	
Turnunfall	
Turnverein	
Turnwettbewerb	Achtung: Jedes
Vorturnen	Wort der nebenstehenden

Achtung: Jedes
Wort der nebenstehenden
Wortsammlung sollte
dreidimensional dargestellt werden.

klebrig

Wortbild
· · · · · · · · · · ·

Dreidimensionale Darstellung mit Sandpapier

Aus Sandpapier werden die sieben benötigten Buchstaben ausgeschnitten und aufgelegt. Mit geschlossenen Augen tastet das Kind über das Papier.

Wortklang
· · · · · · · · · · ·

Dabei spricht es die einzelnen Buchstaben aus, danach spricht es sehr laut das gesamte Wort. Anschließend flüstert der Trainer das Wort.

Wortbedeutung
· · · · · · · · · · · · · ·

klebrig
klebriger
am klebrigsten
kleben
klebte
geklebt
klebe
klebst
klebt
klebtest
klebten
klebtet
Kleber
Alleskleber
Holzkleber
Schnellkleber
Superkleber

Erarbeiten der Stammsilbe.
Erarbeiten der Wortfamilie.
Erarbeiten eines Wortbildes mit verschiedenen Sätzen:
Meine Hand ist ganz klebrig.
Ich brauche dringend einen Schnellkleber.

Achtung: Jedes Wort der nebenstehenden Wortsammlung sollte dreidimensional dargestellt werden.

Worterarbeitung

Holz

Wortbild
· · · · · · · · · · · ·

Dreidimensionale Darstellung in Sand

Das Kind schreibt das Wort in eine Kiste, die mit Sand gefüllt ist. Dann wird die Kiste geschüttelt, das Wort ist nicht mehr zu sehen. Abermals wird das Wort in den Sand geschrieben.

Wortklang
· · · · · · · · · · · ·

Die einzelnen Buchstaben werden vom Kind beim Schreiben deutlich gesprochen. Danach wird das Wort vom Trainer deutlich gesprochen.

Wortbedeutung
· · · · · · · · · · · · · · · ·

Holz
hölzern
holzig
holziger
am holzigsten
Brennholz
Buchenholz
Holzarbeit
Holzhändler
Holzkäfer
Holzkiste
Holzlieferung
Holznagel
Holzofen
Holzschnitzerei
Holzwerkzeug
Nadelholz
Tropenholz

Erarbeiten der Stammsilbe.
Erarbeiten der Wortfamilie.
Erarbeiten eines Wortbildes mit verschiedenen Sätzen:
Wir verbrauchen sehr viel Holz im Winter.
Tropenholz ist sehr kostbar.

Achtung: Jedes Wort der nebenstehenden Wortsammlung sollte dreidimensional dargestellt werden.

Worterarbeitung

Persönliche Fehlerliste von _____

Liste der „leichten" Wörter

ab	bleiben	entgegen
abends	da	entweder
aber	damit	er
abwärts	dann	es
alle	daraus	essen
alles	darum	etliche
als	darunter	etwa
also	das	etwas
alt	dass	euer
an	dazu	fallen
andere	decken	falls
anders	dehnen	fassen
auch	dein	fast
auf	dem	fest
aufwärts	den	fiel
außer	denen	fliegen
außen	denn	fließen
backen	der	fort
bald	desto	früh
ballen	die	früher
bang	dies	fühlen
bei	diese	füllen
beide	doch	für
beim	dort	ganz
beißen	dorther	gar
bellen	dorthin	gegen
besser	du	gelb
bevor	durch	genug
bieten	dürfen	gerade
binnen	eben	gern
bitten	ein	groß
bis	einige	gut
blau	endlich	gaben

Liste der „leichten" Wörter

hacken	können	nass
hallen	lahm	natürlich
hassen	lang	neben
her	lassen	nein
herab	laufen	nehmen
heraus	läuten	nicht
herein	lecken	nichts
heute	legen	nie
hier	lehren	niemals
hin	leeren	niemand
hinauf	lesen	noch
hinten	lieben	nötig
hinter	links	nun
holen	los	nur
hüllen	lustig	ob
ich	mal	oben
ihr	malen	oder
immer	man	offen
in	manche	oft
indem	mein	ohne
indes	mehr	rasen
irgendein	meist	rauf
ja	mit	raus
jagen	mittags	rechts
je	mögen	rein
jede	morgens	reisen
jemand	munter	richtig
jene	müssen	riesig
jetzt	nach	rot
jung	nachts	runter
kein	nagen	rückwärts
keiner	nahmen	paar
klein	nämlich	packen

Liste der „leichten" Wörter

pflanzen	sowohl	weg
picken	stark	wegen
pieken	statt	weil
quer	stets	weiter
säen	stimmen	welcher
sägen	still	wenn
schallen	suchen	wenig
schief	täglich	wer
schließen	tot	werden
schnell	trotz	weshalb
schon	tun	wie
schwer	über	wieso
schwimmen	überall	wider
sehen	um	wieder
sehr	umher	wir
seid	umhin	wissen
sein	und	wo
seit	unser	wollen
selber	unter	wurde
selbst	viel	zehn
sich	voll	zehren
sicher	von	zerren
sie	vor	zielen
singen	vorn	zu
sinken	vorne	zudem
so	wahr	zuletzt
sogar	während	zum
solch	wann	zur
soll	war	zurück
sollen	warum	zuviel
sondern	wäre	zwanzig
sonnig	was	zwar
sowie	wecken	zwischen

Lautgebärden

Lautgebärden sind Handzeichen, die im Prinzip jedem Laut der Sprache bzw. auch Wortsilben zugeordnet werden.

Lautgebärden haben sich im Erstleseunterricht und in Intensivmaßnahmen für schwer legasthene Kinder sehr bewährt: Sie unterstützen die Zuordnung von Lauten und Buchstaben, die Unterscheidung ähnlicher Buchstabenformen sowie ähnlicher Laute und die Verschmelzung zweier Laute zur Silbe.

Sie erleichtern alle diese Leistungen, indem sie unterschiedliche Kompensationsmöglichkeiten für Teilleistungsschwächen in der visuellen Wahrnehmung, der Wahrnehmung der Sprachlaute, der Artikulationsbewegung (kinästhetischen Wahrnehmung), der melodischen und rhythmischen Wahrnehmung sowie für die Zusammenarbeit von Hand und Auge bieten. Lautgebärden stellen demnach eine multisensorische Hilfe dar.

Unter neuropsychologischer Betrachtungsweise verhelfen die Lautgebärden dazu, die Prozesse der Analyse und Synthese »nach außen« zu verlegen, sie dadurch sichtbar und »begreifbar« zu machen. Eine entscheidende Hilfe der Lautgebärden scheint demnach darin zu bestehen, dass sie das laute, gedehnte, silbenweise Erlesen von Wörtern als motorische Stütze begleiten. Es genügt nicht, die Handzeichen nur zu den isolierten Buchstaben und Lauten in der ersten Phase des Leselernprozesses zu benutzen.

Lautgebärden

Das Kieler Lautgebärdensystem:

Vorab ein Hinweis: Die Lautgebärden sollten aus hygienischen Gründen nicht direkt auf dem Mund bzw. den Lippen ausgeführt werden, sondern in einem kleinen Abstand davor.

A, a   Zeigefinger und Daumen beider Hände bilden in Anlehnung an das gedruckte A ein Dreieck in Höhe des Halses. Die Figur symbolisiert zugleich die weite Mundöffnung beim Sprechen des A.

E, e   Daumen und Zeigefinger der rechten (bei Linkshändern der linken) Hand werden weit auseinandergespreizt. Sie werden in Mundhöhe so gehalten, dass sie den breiten Mund beim Sprechen des E symbolisch noch breiter machen. Keine Berührung des Gesichts!

I, i   Der Zeigefinger tippt leicht oben auf den Kopf und deutet damit den i-Punkt an, den man oben auf dem kleinen i nicht vergessen darf.

Lautgebärden

O, o   Der Zeigefinger fährt einmal um den Mund herum und deutet damit die Form des O und den „runden Mund" an.

U, u   Der Zeigefinger tippt einmal von unten gegen das Kinn. Diese Gebärde wurde gewählt, um eine deutliche Unterscheidung zum Zeichen für das O zu ermöglichen.

Ei, ei   Die Hand streichelt die Wange. Bei der Ausführung wird die Vorstellung an das Streicheln eines Babys geweckt.

Au, au   Die locker gehaltene rechte Hand macht eine leichte Schüttelbewegung aus dem Handgelenk nach unten, als ob ein Hund eine schmerzende verletzte Pfote vorzeigt.

Lautgebärden

M, m Drei Finger, Zeige-, Mittel- und Ringfinger, liegen vor den geschlossenen Lippen, um die nasale Bildung des Lautes bewusst zu machen (der Luftstrom geht durch die Nase) und die „drei Beinchen" des kleinen m anzudeuten.

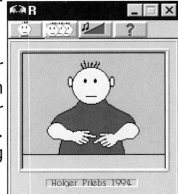

R, r Die Zeigefinger beider Hände kreisen in der Horizontalen umeinander wie um ein großes Rad. Dadurch wird die Vorstellung des „Rollens" vermittelt.

S, s Der rechte Zeigefinger wird ausgestreckt und fährt von einer Stelle rechts außerhalb des Körpers in Brusthöhe zur Körpermitte und noch etwas darüber hinaus. Die Vorstellung ist: „Ein Auto saust vorbei".

L, l Die Hand wird geöffnet zum Kinn geführt und schließt sich dort um einen imaginären „langen Bart". Sie streicht um diesen Bart herum nach unten.

N, n Zeigefinger und Mittelfinger der rechten Hand werden an den rechten Nasenflügel gelegt. Das Kind soll spüren, dass der Luftstrom durch die Nase geht, und sich zugleich erinnern, dass das N zwei „Beinchen" hat.

Lautgebärden

F, f   Der Zeigefinger wird von unten gegen die Unterlippe gepresst. Keine Berührung der Lippe! Es wird über den Finger „gepustet". Mit dieser Gebärde wird der Ort der Lautbildung betont.

H, h   Anhauchen der inneren Handfläche. Diese Gebärde wird nur für das hörbare h (z.B. Hase, Hof, sehen) eingeführt.

-en   Die Hände sind zunächst geöffnet und werden in Brusthöhe, mit der inneren Handfläche vom Körper abgewandt, hochgehoben. In einer raschen Bewegung schließen sich die Hände zur Faust. Damit wird die Vorstellung verbunden, dass man die beiden „Beinchen" des kleinen n rasch festhalten muss, um das -en nicht zu verlieren.

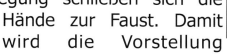

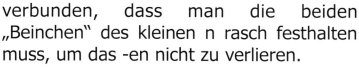

-er   Die gleiche Bewegung wie bei -en, nur mit einer Hand ausgeführt, weil das kleine r nur ein „Beinchen" hat.

ch   Das Gesicht wird leicht angehoben. Der Zeigefinger deutet auf die Zähne, der Daumen auf den Kehlkopf.

Lautgebärden

W, w Beide Hände fächeln über die Schulter hinweg nach hinten Luft. „Wind weht weit weg" wird als Stabreim dazu verwendet.

Z, z Der Zeigefinger wird mit der Spitze bis in Augenhöhe hochgeführt und bewegt sich dann in einer Zickzack-Bewegung nach unten.

P, p Die rechte Hand wird leicht zur Faust geschlossen und der Handrücken waagerecht vor den Mund gehalten. Nun spricht das Kind „p" auf den Handrücken und spürt dabei den Lufthauch. Zur Einführung kann man ein Stückchen Watte auf den Handrücken legen und herunterpusten lassen.

T, t Die geschlossene Faust wird mit der Daumenseite als „Trompete" vor den Mund gehalten.

K, k Die Hände werden beide zur Faust geschlossen. Man schlägt die Fingerknöchel leicht gegeneinander.

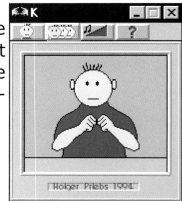

Lautgebärden

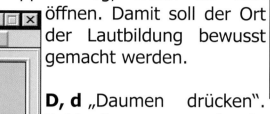

B, b Der Zeigefinger wird vor die geschlossenen Lippen gelegt. Er bewegt sich von den Lippen weg, wenn sie sich öffnen. Damit soll der Ort der Lautbildung bewusst gemacht werden.

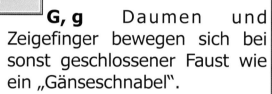

D, d „Daumen drücken". Beide Daumen werden bei geschlossener Faust gegeneinander gedrückt.

G, g Daumen und Zeigefinger bewegen sich bei sonst geschlossener Faust wie ein „Gänseschnabel".

Eu, eu Mit den beiden Zeigefingern und Daumen bildet man zwei geschlossene Kreise um die Augen. Damit werden die großen Augen der Eule symbolisiert.

Sch, sch Beide Fäuste drücken auf die leicht aufgeblasenen Wangen, sodass die Luft mit dem sch-Laut entweicht.

-el Der Zeigefinger tippt einmal kurz gegen das Kinn und bewegt sich gleich wieder nach unten.

Lautgebärden

J, j   Die Hand wird im Gelenk abgewinkelt etwa waagerecht über dem Kopf gehalten, um die Größe eines „großen Jungen" anzudeuten. Gleichzeitig erinnert die angewinkelte Hand mit dem Arm an das großgeschriebene J.

ß   Beide Zeigefinger greifen in einen imaginären Ring aus Garn o.Ä. und „reißen" den Ring mit einer kräftigen Bewegung nach außen entzwei.

V, v   Zeige- und Mittel-finger bilden ein großes V, durch das hindurch-gepustet wird. Die Finger-spitzen sollen auf der Höhe der Unterlippe gehalten werden.

Ä, ä   Die Gebärde für A, a wird gezeigt. Dazu lässt man beide kleinen Finger „zappeln". Kinder mit motorischen Schwierigkeiten dürfen alle Finger zappeln lassen. Das Zappeln soll an die Ä-Striche erinnern.

Ö, ö   Beide Zeige-finger bilden die Lautgebärde für O, o. Mit den beiden Zeigefingern soll an die zwei kleinen Striche erinnert werden.

Lautgebärden

Ü, ü   Hier wird die U-Gebärde von beiden Zeigefingern gezeigt.

Qu, qu   Das Q wird niemals isoliert dargeboten, sondern immer in der Lautverbindung Qu, qu. Beide Hände legt man mit den Innenflächen aufeinander und bildet damit ein „Quakmaul", das sich einmal öffnet und schließt.

X, x   Beide Unterarme bilden in Brusthöhe vor dem Körper ein X.

Y, y   Beide Unterarme werden aneinandergelegt. Die Hände bilden den oberen Teil des Y.

Auf der CD-Rom ist das Programm Lautgebärden als „Lautgeb.exe" gespeichert. Das Programm darf frei weitergegeben werden (Public Domain).

Arbeitsblatt S 1

Worterarbeitung mit langem oder kurzem „a"

 → fahren - langes „a"

fallen - kurzes „a"

Lies die Wörter laut vor und streich dann die Wörter mit kurzem „a" an.

Ahnung	hasten	Ratte
ausharren	Kasse	Saat
backen	Klasse	sagen
Bahn	lahm	Sahne
Ball	Lappen	sammeln
Bar	lassen	Schatten
Blatt	Latte	schnattern
fahren	Mahlzeit	sparen
Fahne	mahnen	Stahl
fallen	Masse	Stall
fand	matt	starren
Flagge	Matte	Tasse
Gas	Naht	verhallen
Gasse	Natter	verharren
haarig	paar	Wahlen
haben	packen	wahnsinnig
Halle	Pfahl	Wand
halten	Platte	Wappen
Hasen	Rahm	zahlen
hassen	rasseln	zusammen

Worterarbeitung mit langem oder kurzem „e"

kehren - langes „e"

brennen - kurzes „e"

Lies die Wörter laut vor und streich dann die Wörter mit kurzem „e" an.

abwehren	Fessel	schmecken
beherrschen	Fett	schnell
bellen	Herrscher	Sehne
bestellen	kehren	Sehnsucht
Bett	Keller	setzen
Brett	kennen	Stelle
dehnen	Klette	stemmen
denken	leeren	Tenne
denn	Lehne	Teppich
Ecke	Lehrer	trennen
ehelich	Lerche	vermehren
einklemmen	mehr	Verkehr
einlenken	nehmen	weh
empfehlen	nett	wehren
Enkel	Recht	Welle
erkennen	Regen	wendig
Esel	rennen	wenn
fehlen	retten	Wesen
Fehler	Rettung	Wetter
Ferse	schenken	zehren

Arbeitsblatt S 3

Worterarbeitung mit langem oder kurzem „i"

dienen - langes „i"

schwimmen - kurzes „i"

Lies die Wörter laut vor und streich dann die Wörter mit kurzem „i" an.

Beziehung	innig	Sieg
Biene	Irrtum	singen
Bier	klirren	sinken
billig	lieb	Sinn
bissig	Lied	Stiefel
bitten	Miete	still
dick	Mittel	Stimme
Dieb	niedrig	tief
dienen	niemals	Tier
diesmal	Pille	Trieb
drillen	riechen	Unterschied
fiel	Riemen	verlieren
fliehen	Riese	verwirrt
fliegen	Rille	viel
frieren	rissig	vier
gießen	Ritter	wichtig
hier	schieben	wickeln
Hitze	Schiene	Wille
Igel	schwimmen	wissen
immer	Sieb	Ziege

Arbeitsblatt S 4

Worterarbeitung mit langem oder kurzem „o"

Bohne - langes „o"

Koffer - kurzes „o"

Lies die Wörter laut vor und streich dann die Wörter mit kurzem „o" an.

Bohne	Kohle	schonen
bohren	Kohlkopf	Stock
Brot	kollern	Stoff
drollig	kommen	Stoppel
drohen	Lohn	stottern
Floh	Lotto	Sohle
Flossen	modisch	Sohn
Flotte	Mohr	Sommer
Fohlen	Moor	Sonne
foppen	Motto	toll
Frohsinn	Nonne	Tonne
gestohlen	oft	voll
getroffen	ohne	wohnen
Gott	Ohr	wohl
Hof	Onkel	wolkig
hoffen	Rock	Wolle
hohl	roh	wollen
holen	Rohr	Wonne
hoppla	Rolle	Zoll
Koffer	Schnorrer	zornig

Arbeitsblatt S 5

Worterarbeitung mit langem oder kurzem „u"

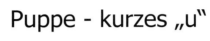

Stuhl - langes „u"

Puppe - kurzes „u"

Lies die Wörter laut vor und streich dann die Wörter mit kurzem „u" an.

Abfuhr	Kuhstall	Schmutz
benutzen	Kummer	schnuppern
brummen	Kutter	schnurren
buhlen	lutschen	Schuhband
bummeln	muffig	Schutt
Butter	murmeln	Spuren
Druck	murren	Stuhl
dumm	Musik	suhlen
Fuhre	Mutter	Suppe
Fuhrwerk	Nebenbuhler	surren
Futter	Null	stumm
Gruppe	Pfund	Summe
gucken	Puffer	summen
Gummi	Puppe	Truppe
gurren	Rucksack	tummeln
Huhn	Ruhm	Tunnel
Hummel	ruhmreich	Uhr
huschen	Ruhr	Uhrwerk
husten	Rum	verputzen
knurren	Rummelplatz	Wunsch

Legasthenie - Training nach der AFS-Methode © 2017 DRC AG

Kreis alle Namenwörter, die ein D/d enthalten, ein und streich alle Namenwörter, die ein T/t enthalten, durch.

Finde weitere Beispiele für D/d und T/t.

D/d	T/t
_____	_____
_____	_____
_____	_____
_____	_____

Arbeitsblatt S 7

Kreis alle Namenwörter, die ein B/b enthalten, ein und streich alle Namenwörter, die ein P/p enthalten, durch.

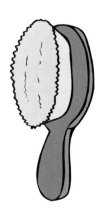

Finde weitere Beispiele für B/b und P/p.

B/b	P/p
_____	_____
_____	_____
_____	_____
_____	_____

Arbeitsblatt S 8

Kreis alle Namenwörter, die ein G/g enthalten, ein und streich alle Namenwörter, die ein K/k enthalten, durch.

Finde weitere Beispiele für G/g und K/k.

G/g   K/k

_____   _____

_____   _____

_____   _____

_____   _____

Legasthenie - Training nach der AFS-Methode © 2017 DRC AG

Arbeitsblatt S 9

Kreis alle Namenwörter, die ein V/v enthalten, ein und
streich alle Namenwörter, die ein F/f enthalten, durch.

Finde weitere Beispiele für V/v und F/f.

V/v   F/f

_____   _____

_____   _____

_____   _____

_____   _____

Arbeitsblatt S 10

Schreib jedes Namenwort und seinen Begleiter unter die Abbildung.

Findest du noch weitere Beispiele für Wörter mit „au"?

_____

_____

Man kann viele Wörter mit „Regen" zusammensetzen. Probier es einmal mit den unteren Abbildungen. Bei einem Bild kommt kein sinnvolles Wort heraus. Such es und streich es durch.

REGEN

Arbeitsblatt S 12

Findest du heraus, welche Schirme gemeint sind?

 _ _ _ _ _ _ SCHIRM

_ _ _ _ _ _ SCHIRM

_ _ _ _ SCHIRM

_ _ _ _ _ SCHIRM

_ _ _ _ _ _ _ SCHIRM

Fallen dir noch weitere Beispiele mit -SCHIRM/SCHIRM-
ein? Schreib sie auf.

_____

_____

Schreib alle zusammengesetzten Namenwörter, die dir zu Schul- einfallen, auf.

Schulhaus

_____

_____

_____

_____

_____

_____

_____

_____

Schreib alle zusammengesetzten Namenwörter, die dir zu Küchen- einfallen, auf.

Küchenherd

_____

_____

_____

_____

_____

_____

_____

_____

Arbeitsblatt S 14

Lies die zusammengesetzten Namenwörter genau und mal dann den fehlenden Teil in das Kästchen.

	Telefonbuch	
	Apfelbaum	
	Erdbeereis	
	Autoradio	

Findest du noch weitere Beispiele? Schreib sie auf.

_____

_____

Arbeitsblatt S 15

Kreis Namenwort und Zeitwort, die eine Sportart ausdrücken, mit verschiedenen Farben ein.

Alexandra läuft gerne Eis.

Sarah und Markus fahren jeden Sonntag Rollschuh.

Marco fährt oft Rad.

Tommy spielt sehr gut Eishockey.

Findest du noch weitere Beispiele? Schreib sie auf.

_____

_____

Beschreib erst dich und dann jemanden, der das Gegenteil von dir ist.

ICH

_____

_____

_____

_____

_____

_____

_____

_____

MEIN GEGENTEIL

_____

_____

_____

Diese Wörter sollen dir dabei helfen:

gesund, klein, schlau, fleißig, lieb, froh, dick, hübsch, laut, müde, jung etc.

_____

_____

_____

_____

_____

Such immer das Gegenteil und verbinde die Wörter richtig miteinander.

müde	eckig
sauer	wenig
krank	hässlich
weit	schnell
falsch	nah
hübsch	spitz
dunkel	schmal
langsam	hell
kurz	süß
dünn	wach
viel	richtig
stumpf	gesund
rund	dick
breit	lang

Such das Gegenteil und verbinde die gegensätzlichen Eigenschaftswörter miteinander.

glatt	klein
schmutzig	eckig
unmodisch	leise
groß	breit
laut	modisch
rund	billig
schmal	weich
teuer	sauber
hart	schnell
tief	rau
langsam	hoch

Ergänz z oder tz.

Ka___e
Hi___e
schwi___en
Her___
Ker___e
Grü___e
Schür___e
Matra___e
Schmer___en

Pel___e
schmel___en
bli___en
wi___ig
Wal___er
Tän___erin
Fri___
Hol___
Sal___

Pil___e
Tan___
Ran___en
gan___
Gewür___
Schmer___
scher___en
He___e
we___en

Setz k oder ck ein, hak das Wort ab und schreib es mit Ab-
teilungszeichen in die Zeilen.

Schau__el

Fa__el

Sä__e

Pa__et

_____

_____

_____

_____

Ergänz k oder ck.

Ha__e
E__e
Fabri__
Bä__er
Sto__
schmin__en
Brü__e
Wer__
Win__

Do__tor
Stär__e
wel__en
Sa__
De__en
Zu__er
Klini__
le__er
Hö__er

Scho__olade
Im__er
De__e
le__en
Kran__er
win__en
sin__en
len__en
zu__en

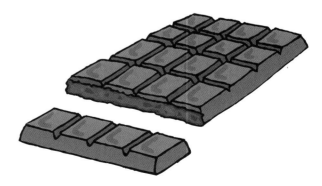

Bilde die Mehrzahl!

ein Huhn   **viele __ __ __ __ __ __**

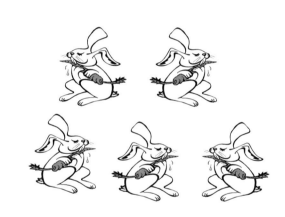

ein Hase   **viele __ __ __ __ __**

ein Elefant   **viele __ __ __ __ __ __ __ __**

Arbeitsblatt S 23

Bilde die Mehrzahl!

 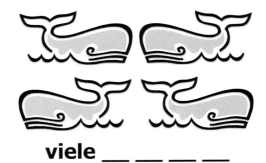

ein Wal   viele __ __ __ __

ein Schwein   viele __ __ __ __ __ __ __

ein Bär   viele __ __ __ __

ein Hut   **viele __ __ __ __**

Kreis alle Einzahlwörter rot und alle Mehrzahlwörter blau ein. Umrande Wörter, die beides sein können, rot und blau.

OFEN

TIGER

ARZT

BILD

IGEL

WIESEN

MAUS

BUCH

EIMER KIND

BABYS

RIESE

BÜCHER

MÄUSE

HEXE

ZÄHNE

WECKER

WÜRMER LAUS MONSTER

SCHNECKE ZAHN

RATTE KÄFER

TASCHE

KABEL

Streich alle Begriffe durch, die keine Mehrzahl ausdrücken.

SCHWEINE   KÜHE

ZIEGE   SCHAFE

GANS   KATZE   HUNDE

HASE   HÜHNER

HAHN

PFERDE

ENTEN

BAUER

KNECHTE

TRAKTOREN

FELD

PFLUG   STALL

Streich alle Begriffe durch, die keine Mehrzahl ausdrücken.

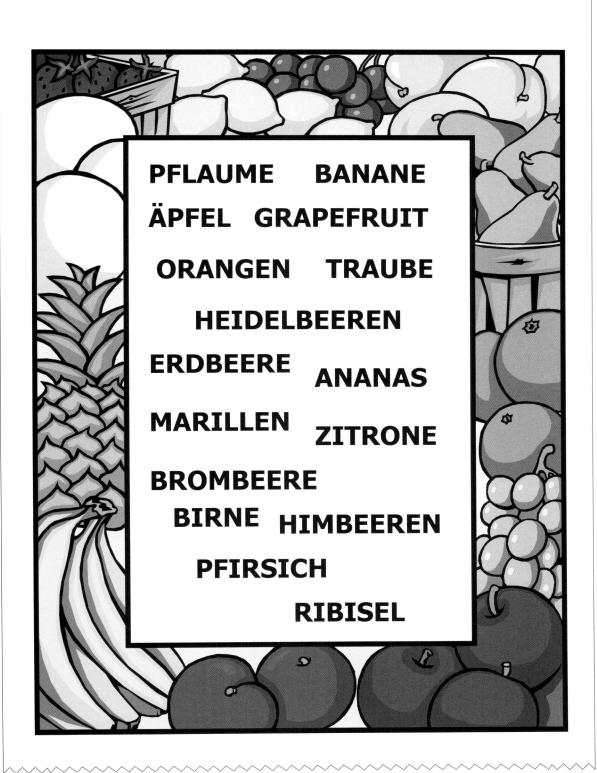

PFLAUME   BANANE

ÄPFEL GRAPEFRUIT

ORANGEN   TRAUBE

HEIDELBEEREN

ERDBEERE ANANAS

MARILLEN ZITRONE

BROMBEERE

BIRNE HIMBEEREN

PFIRSICH

RIBISEL

Arbeitsblatt S 27

Such Wortfamilien

Beispiele:

gehen	-	der Gang	-	der Opfergang	-	etc.
zahlen	-	die Zahl	-	der Zahlmeister	-	etc.

=======================================

Aus einem Wort mach mehrere Wörter

Aus einem Wort werden neue Worte gebildet. Je länger diese neuen Worte sind, desto besser.

Beispiel: Eisenbahnwaggon

Ei, Bahn, Eisen, Waggon, Besen, Gaben, Wagen, Waben, Biegen, ansengen etc.

Wörterspiel: Letzter und erster Buchstabe

Nur mit Wörtern, die man klein schreibt:

leben - neu - unter - rennen - nieder - riesig - gut - tauen - nenne - ernten - neulich - reich - heute - einschließlich - habt etc.

Nur mit Namenwörtern:

 Haus - Sand - Dorf - Fisch - Hund - Dackel - Liebe - Engel - Land - Ding - Gans - Sonne - Eisen - Nager - Rand - Dachs - Schirm - Mutter etc.

==================================

Wörterspiel:
Zusammengesetzte Namenwörter

Beispiel: Hausschuh - Schuhband - Bandwurm - Wurmfortsatz - Satzbau - Bauplatz - Platzkarten - Kartenspiel - Spielhaus - Hauskauf - Kaufhaus - Hausschuhe - Schuhgeschäft - Geschäftsessen - Essensdienst - Dienstschluss - Schlussgespräch - Gesprächsaufzeichnung - Aufzeichnungsgerät - Geräteverkauf - Verkaufsstelle - Stellenmarkt - Markthalle - Hallendach - Dachfenster - Fensterbank - Bankfiliale - Filialbetrieb - Betriebsrat etc.

Arbeitsblatt S 29

Vervollständig die Geschichte mit den passenden Eigenschaftswörtern (Wiewörtern).

Letztes Wochenende machten wir einen _____ Spaziergang. Ich hatte meine _____ Wanderschuhe an. Im _____ Wald war es ganz schön unheimlich. Meine _____ Schwester hatte Angst. Wir sahen viele _____ Tiere und _____ Pflanzen. Wieder zu Hause, machten wir uns einen _____ Tee und aßen eine _____ Torte.

Vervollständig die Geschichte mit den passenden Zeitwörtern (Tunwörtern).

Gestern _____ wir zum See. Wir _____ dort. Mutter _____ uns anschließend den Fang braten. Mein Vater und ich _____ aber kein Glück. Nicht einen einzigen Fisch _____ wir fangen. Dann _____ es auch noch zu regnen an. Enttäuscht und völlig durchnässt _____ wir nachhause. Dort erwartete uns eine freudige Überraschung. Meine Mutter hatte uns ein herrliches Essen _____.

Nützliche Internetlinks

zu den Themen Legasthenie & Dyskalkulie

Fernstudium zum diplomierten Legasthenietrainer
http://www.legastheniefernstudium.com
Fernstudium zum diplomierten Dyskalkulietrainer
http://www.dyskalkuliefernstudium.com
Umfassende Ausbildungen für Interessierte aus aller Welt!

Diplomierte Legasthenie- & Dyskalkulietrainer aus der ganzen Welt
http://www.legasthenietrainer.com
http://www.dyskalkulietrainer.com
Sie suchen einen Spezialisten in Ihrer Nähe? Suchen Sie nicht länger!

Sie suchen nach Informationen zu den Themen Legasthenie, Lese-Rechtschreib-schwäche (LRS), Dyskalkulie oder Rechenschäche im Internet?

... Hier sind Sie richtig!

⇒ Gratis Download von Programmen und Informationen

⇒ Shop mit Büchern, Spielen und Software

⇒ Professionelle Hilfe in Ihrer Nähe

⇒ Neues über das Phänomen

⇒ Tests, Richtlinien und Umgang mit betroffenen Menschen

Arbeitsblätter und Materialien
http://www.arbeitsblaetter.org
Kostenlos stellen hier diplomierte Legasthenie- & Dyskalkulietrainer mehr als 20.000 Arbeitsblätter und Trainingsmaterialien bei Legasthenie, LRS, Dyskalkulie, oder Rechenschwäche zur Verfügung.

EÖDL Online-Shop
http://shop.legasthenie.com
Bücher, Computerprogramme, Trainingsmaterialien... Die Autor/innen sind „Im Dienste legasthener und dyskalkuler Menschen" tätig.

EÖDL - Erster Österreichischer Dachverband Legasthenie
http://www.legasthenie.at
Österreichs größter Legasthenieverband mit Aktivitäten aus allen Bundesländern.

DVLD - Dachverband Legasthenie Deutschland e.V.
http://www.legasthenieverband.org
Ständig aktualisiert mit News, Erlässen, Aktivitäten aus Deutschland, bietet Rat und Hilfe für legasthene und dyskalkule Menschen.

Bücher & Materialien
des Ersten Österreichischen Dachverbandes Legasthenie

Der legasthene Mensch
Dr. Astrid Kopp-Duller

Hat Ihr begabtes Kind Schwierigkeiten beim Lesen, Schreiben oder Rechnen? Was Lehrer und Eltern über Legasthenie, Lese-Rechtschreibschwäche, Dyskalkulie und Rechenschwäche wissen sollten!

Preis: € 16.90

Legasthenie - Dyskalkulie !?
Dr. Astrid Kopp-Duller, Livia R. Pailer-Duller

Die Bedeutsamkeit der pädagogisch-didaktischen Hilfe bei Legasthenie, Dyskalkulie und anderen Schwierigkeiten beim Schreiben, Lesen und Rechnen. Liefert klare Antworten aus der pädagogischen Forschung. **Preis: € 16.90**

Legasthenie im Erwachsenenalter
Dr. Astrid Kopp-Duller, Mag. Livia R. Pailer-Duller

Jeder erwachsene Mensch muss das Schreiben und Lesen zumindest in den Grundzügen ausreichend beherrschen. Es wird besonderer Wert auf die Hilfestellung für ein gezieltes praktisches Training gelegt. Inkl. CD-Rom mit Arbeitsblättern und zum Ausdrucken. **Preis: € 21.00**

Dyskalkulie im Erwachsenenalter
Dr. Astrid Kopp-Duller, Livia R. Pailer-Duller

Ein gezieltes individuelles Training, das mit Hilfe eines im Buch enthaltenem Feststellungsverfahren geplant wird, ist der nächste bedeutende Schritt zum nachhaltigen Erfolg. Inkl. CD-Rom mit Arbeitsblättern und zum Ausdrucken. **Preis: € 21.00**

Easy Reading Leseschablone

EASY - Reading™

Lesen in Farbe! Patentierte Leseschablone für alle (auch nicht legasthene) Kinder im Grundschulalter aus hochwertigem Kunststoff. Einfacher, schneller, besser - und Kinder lesen wieder gerne! Mit eigens dafür entwickelter Lesetechnik. **Preis: € 9.80**

Legasthenie - Training nach der AFS-Methode
Dr. Astrid Kopp-Duller

Legasthenie erkennen - verstehen - akzeptieren - bewältigen! Diese methodische Handreichung enthält viele praktische Ideen für das Training von legasthenen oder lese-rechtschreibschwachen Kindern. Inkl. CD-Rom mit Arbeitsblättern zum Ausdrucken. Die **LEGASTHENIE-BIBEL**!

Preis: € 36.00

Dyskalkulie - Training nach der AFS-Methode
Dr. Astrid Kopp-Duller, Mag. Livia R. Pailer-Duller

Zahlreiche Übungen für Kinder mit Dyskalkulie oder Rechenschwäche für ein erfolgreiches Training - vom Erlernen des Zahlbegriffes bis hin zu den Grundrechenarten. Inkl. CD-Rom mit Arbeitsblättern zum Ausdrucken. Die **DYSKALKULIE-BIBEL**!

Preis: € 32.00

Training der Sinneswahrnehmungen im Vorschulalter
Dr. Astrid Kopp-Duller, Mag. Livia R. Pailer-Duller

Warum lässt sich eine Legasthenie im Vorschulalter nicht gesichert feststellen? Eine Auflistung von Anzeichen, die auf differente Sinneswahrnehmungen schließen lassen. Inkl. CD-Rom mit Testunterlagen und Arbeitsblättern zum Ausdrucken.

Preis: € 32.00

Legasthenie und Fremdsprache Englisch - Training nach der AFS-Methode
Dr. Astrid Kopp-Duller, Mag. Livia R. Pailer-Duller

Mit vielen praktischen Ideen für den Unterricht und das gezielte Training von legasthenen Kindern in der Fremdsprache Englisch, damit der Schulalltag besser bewältigt werden kann. Inkl. CD-Rom mit Arbeitsblättern zum Ausdrucken. **Preis: € 32.00**

Bestellung möglich per:

Post:
Feldmarschall Conrad Platz 7, A-9020 Klagenfurt

Internet:
http://shop.legasthenie.com

Email:
mail@legasthenie.com

Tel.: +43 463 55660
Fax: +43 463 269120

https://Shop.Legasthenie.com

Letters2Words *Kartenspiel*

Dieses Kartenspiel zur Worterarbeitung hilft Kindern mit Lese- und Schreibproblemen. Man kann spielend Buchstaben und Wörter erarbeiten. Es sind 110 Karten mit allen Buchstaben enthalten sowie sechs Joker, welche auch Mit- oder Selbstlaute symbolisieren können. **Preis: €14.80**

Mathe4Matic *Kartenspiel*

Dieses Kartenspiel zum Rechnen hilft Kindern mit Rechenproblemen. Man kann spielend Zahlen, Mengen und Grundrechenarten erlernen. In dem Kartenspiel sind Karten mit den Zahlen 1 bis 12 in vier Farben enthalten sowie vier Joker für die vier Grundrechenarten. **Preis: €9.80**

Akustische Übungen *CD-Rom*

Enthält 40 Übungen für die Akustische Differenzierung, 40 Geschichten mit 400 Fragen für das Akustische Gedächtnis und ein Serien-Spiel mit Tönen für die Akustische Serialität. **Preis: €14.80**

Mein Lesebuch *Kinderbuch*

Enthält 20 entzückende Geschichten mit farbigen Illustrationen, die für Erstleser geeignet sind. Kommt mit Online-Audiobuch zum Vorlesen und Mitlesen und mit Fragen zum Text. **Preis: €14.80**
Mit Easy Reading Leseschablone: **€19.80**

Easy Training Set Plus *Spielesammlung*

Enthält über 160 Karten, 10 Vorlagen, ein Holz-Tangram, ein Labyrinth-Spiel, eine CD-Rom mit akustischen Übungen, das Kartenspiel Letters2Words und mehrere Anleitungsbroschüren zum täglichen Training für den Aufmerksamkeits-, Funktions- und Symptombereich zur aktiven Verbesserung der Schulleistung. Besonders abgestimmt auf das Ergebnis des *AFS-Tests*. **Preis: €39.00**

Easy Maths Set *Spielesammlung*

Diese pädagogische Spielesammlung zur Verbesserung der Rechenfertigkeit wurde nach den neuesten wissenschaftlichen Erkenntnissen zusammengestellt. Enthalten sind drei Broschüren mit Trainingsanleitungen, das Kartenspiel Mathe4matic, ein Turmrechenblock, zwei Spielpläne, 250 Plättchen in fünf Farben, ein Würfelset (0-9-Würfel, 00-90-Würfel, 000-900-Würfel, 0000-9000-Würfel) und zwei 0-9-Würfel. **Preis: €36.00**

Lernpuzzle, Wortpuzzle, Schiebepuzzle ...
auf CD-Roms

Computerspiele zum Puzzlen: klassische Puzzles mit Bildern, Fehlerwörter-Puzzles und Schiebepuzzles. Geschult werden die optische Differenzierung, die Raumwahrnehmung und die optische Serialität. Diese Fähigkeiten sind eine wesentliche Voraussetzung für ein problemloses Erlernen des Schreibens, Lesens und Rechnens. Die Computerprogramme können auf beliebig vielen Computern gespeichert werden. **Preis: je €5.00**

Erster Österreichischer Dachverband Legasthenie gGmbH
Feldmarschall Conrad Platz 7, A-9020 Klagenfurt, Österreich
Tel.: +43 463 55660, http://shop.legasthenie.com, mail@legasthenie.com

BEZAHLUNG: Bei Lieferung innerhalb Österreichs oder nach Deutschland auf Rechnung. Andere Länder per Vorkasse. Begleichung mittels Überweisung, Kreditkarte oder Paypal (office@legasthenie.com).

VERSANDKOSTEN: Ab einem Bestellwert von € 50.00 nach Österreich und Deutschland **versandkostenfrei**! Österreich: € 5.00, Deutschland: bis 500g € 5.00, über 500g € 10.00, andere Länder nach tatsächlichem Aufwand.

F1702

Fernstudium zum diplomierten Dyskalkulietrainer des EÖDL

Der Erste Österreichische Dachverband Legasthenie (EÖDL) bildet seit 20 Jahren internationale Legastheniespezialisten aus, welche Ihr Wissen bei der Arbeit mit Betroffenen in persönlichen Erfolg umsetzen. Dies soll auch auf dem Gebiet der Dyskalkulie ermöglicht werden.

Die Studienunterlagen bestehen aus anschaulichen und leicht fasslichen Modulen, praxiserprobten Trainingsmaterial für das Dyskalkulietraining und detaillierten Studienanleitungen, die Ihren Lernerfolg sicher machen.

Die Inhalte des Fernstudiums entwickeln Ihre pädagogischen und erzieherischen Fähigkeiten individuell weiter, damit Sie Betroffenen, die Schwierigkeiten mit dem Rechnen haben, punktgenau weiterhelfen zu können.

Dyskalkulietrainer
Im Dienste dyskalkuler Menschen! ®

Weitere Information inkl. Leseprobe und Anmeldeformular werden per Post <u>kostenfrei</u> zugesendet und können <u>unverbindlich</u> angefordert werden:

Erster Österreichischer Dachverband Legasthenie EÖDL
Dyslexia Research Center   Tel.: +43 463 55660   mail@legasthenie.com

http://www.DyskalkulieFernstudium.com